SKUTEČNÁ PERUÁNSKÁ ODYSEA POULIČNÍHO JÍDLA

Objevování autentických chutí peruánského pouličního jídla

ZDENĚK KREJČÍ

Materiál chráněný autorským právem ©202 3

Všechna práva vyhrazena

Žádná část této knihy nesmí být použita nebo přenášena v jakékoli formě nebo jakýmikoli prostředky bez řádného písemného souhlasu vydavatele a vlastníka autorských práv, s výjimkou krátkých citací použitých v recenzi. Tato kniha by neměla být považována za náhradu lékařských, právních nebo jiných odborných rad.

OBSAH

- OBSAH 3
- ÚVOD 6
- **SNÍDANĚ** 7
  - 1. Picarones/peruánské koblihy 8
  - 2. Tacu Tacu/palačinka z fazolí a rýže 10
  - 3. Peruánská kaše Quinoa / Quinua Atamalada 13
  - 4. Tortilla de Espinaca / Špenátová omeleta 15
  - 5. Champorado / Čokoládová rýžová kaše 17
  - 6. Sangrecita 19
  - 7. Peruánské trojité sendviče 21
  - 8. Červené Chilaquiles se sázenými vejci 23
  - 9. Snídaně s rajčaty a sázeným vejcem na toastu 26
- **PŘEDkrmy A SVAČINKY** 28
  - 10. Pan con Chicharrón / vepřový sendvič 29
  - 11. Tamales Peruanos /peruánský Tamales 31
  - 12. Patacones/smažené jitrocele 33
  - 13. Bílá ryba Ceviche 35
  - 14. Tiradito / Pikantní marinovaný Ceviche 37
  - 15. Ceviche de Conchas Negras/Black Clam Ceviche 39
  - 16. Papa Rellena / Plněné brambory 41
  - 17. Tequeños/Sýrové tyčinky s omáčkou 44
  - 18. Yuca Fries 46
  - 19. Peruánský Ceviche 48
  - 20. Papa a la Huancaína/brambory ve stylu Huancayo 50
  - 21. Palta Rellena / Plněné avokádo 52
- **TĚSTOVINY** 54
  - 22. Carapulcra con Sopa Seca 55
  - 23. Saltado tofu Lomo Saltado 57
  - 24. Zelené špagety 59
  - 25. Zelená omáčka s Linguine 61
  - 26. Tallarines Rojos (omáčka z červených nudlí) 63
  - 27. Tallarines Verdes con Pollo (zelené nudle s kuřecím masem) ... 65
- **ZELENINOVÉ HLAVY A SALÁTY** 67
  - 28. Bramborový kastrol ve stylu Causa Limeña/Lima 68
  - 29. Rocoto Relleno/Plněné Rocoto Peppers 70
  - 30. Carapulcra/Sušený bramborový guláš 73
  - 31. Solterito/peruánský salát 75
  - 32. Pikantní bramborová terina (Causa Rellena) 77

33. Ensalada de Pallares (peruánský fazolový salát z Limy) 79
34. Salát Aji de Gallina 81
35. Ensalada de Quinua (Quinoa salát) 83
36. Lima fazole v koriandrové omáčce 85
37. Solterito de Quinua (Quinoa Solterito salát) 87

HOVĚZÍ, JEHNĚČÍ A VEPŘOVÉ 89
38. Pachamanca / Andské maso a zelenina 90
39. Carne a la Tacneña/hovězí maso ve stylu Tacna 93
40. Seco de Cordero/Jehněčí guláš 96
41. Lomo Saltado / Smažené hovězí maso 99
42. Tacacho con Cecina/Smažený banán a sušené maso 101
43. Adobo/marinovaný vepřový guláš 103
44. Causa de Pollo (peruánský kuřecí a bramborový kastrol) 105
45. Cordero a la Nortena (beránek severního stylu) 107
46. Anticuchos / Grilované hovězí srdce Špejle 109

DRŮBEŽ 111
47. Estofado de Pollo/kuřecí guláš 112
48. Arroz con Pato/kachní rýže 115
49. Kuře Pollo a la Brasa/Rotisserie 118
50. Aji de Gallina /Kuře v Aji Pepper omáčce 120
51. Causa de Pollo/Kuřecí Causa 123
52. Arroz Chaufa/peruánská smažená rýže 126
53. Arroz con Pollo (peruánské kuře a rýže) 129
54. Papa a la Huancaína con Pollo 131
55. Aguadito de Pollo (peruánská kuřecí a rýžová polévka) 133
56. Kuře a brambory Pachamanca 135
57. Aji de Pollo (kuře v pikantní Aji omáčce) 137
58. Quinotto con Pollo (Rizoto s kuřecím masem a quinoou) 139

MORČE 141
59. Picante de Cuy/guláš z morčete 142
60. Cuy Chactado (smažené morče) 145
61. Pachamanca de Cuy (morče pečené v podzemní troubě) 147
62. Cuy al Horno (pečené morče) 149
63. Cuy con Papa a la Huancaina 151
64. Cuy Saltado (smažené morče) 153
65. Cuy en Salsa de Mani (morče v arašídové omáčce) 155

RYBY A MOŘSKÉ PLODY 157
66. Trucha a la Plancha/Grilovaný pstruh 158
67. Parihuela/Polévka z mořských plodů 160
68. Syrové ryby marinované v limetce (Cebiche) 163
69. Causa Rellena de Atún (Causa plněná tuňákem) 165

70. Chupe de Camarones/polévka z krevet 167
71. Chupe de Pescado/rybí polévka 170
72. Arroz con Mariscos/rýže z mořských plodů 173
73. Escabeche de Pescado/Nakládané ryby 176
POLÉVKY **179**
74. Chupe de Ollucos/Olluco bramborová polévka 180
75. Chupe de Camote/Polévka ze sladkých brambor 182
76. Kuřecí polévka s koriandrem (Aguadito de Pollo) 184
77. Chupe de Lentejas/čočková polévka 186
78. Chupe de Quinua/Quinoa Polévka 189
79. Chupe de Pallares Verdes/Polévka ze zelených fazolí 191
80. Chupe de Papa/bramborová polévka 193
DEZERT **196**
81. Humitas/Dušené kukuřičné koláče 197
82. Arroz con Leche/rýžový pudink 199
83. Mazamorra Morada/Purpurový kukuřičný pudink 201
84. Mazamorra de Quinua/Quinoa pudink 203
85. Frejol Colado/Fazolový pudink 205
86. Karamelové sendviče (Alfajores) 207
87. Dort Tres Leches (Pastel de Tres Leches) 209
88. Suspiro a la Limeña (peruánský dezert z karamelu a pusinky) 212
89. Mazamorra Morada /Purpurový kukuřičný pudink 214
90. Picarones (peruánské dýňové koblihy se sirupem) 216
91. Alfajores de Maicena (peruánský kukuřičný škrob Alfajores) 218
92. Helado de Lucuma (Lucuma zmrzlina) 220
NÁPOJE **222**
93. Chicha de Jora/fermentované kukuřičné pivo 223
94. Chicha Morada/Purple Kukuřičný nápoj 225
95. Inca Kola (peruánská žlutá soda) 227
96. Maracuyá Sour (maracuja kyselá) 229
97. Čaj z koky (Mate de Coca) 231
98. Jugos Naturales (čerstvé ovocné šťávy) 233
99. Pisco Punch 235
100. Coctel de Camu Camu (ovocný koktejl Camu Camu) 237
ZÁVĚR **239**

ÚVOD

Vítejte v "Skutečná peruánská odysea pouličního jídla", vzrušující kulinářské cestě, která přenese vaše chuťové pohárky do rušných ulic Peru. V tomto dobrodružství se ponoříme do srdce živé peruánské kultury pouličního jídla, kde vůně prskajících špízů a štěbetání nadšených prodejců vytváří atmosféru jako žádná jiná.

Peruánské pouliční jídlo je mozaikou chutí, odrazem jeho bohaté historie a rozmanitých vlivů. Když se vydáme na tuto odyseu, budete mít možnost prozkoumat autentické chutě a tradice, které definují peruánskou pouliční kuchyni. Od světově proslulých anticuchos až po méně známé drahokamy, odhalíme tajemství těchto delikátní pokrmů, které si získaly srdce i jazýčky místních obyvatel i cestovatelů.

Připravte se na inspiraci, protože sdílíme příběhy prodejců, ingredience a techniky, díky kterým je peruánské pouliční jídlo skutečně nezapomenutelným zážitkem. Ať už jste ostřílení nadšenci do jídla nebo jste ve světě peruánských chutí nováčci, tato kniha vás zve k tomu, abyste ochutnali esenci Peru, jedno sousto po druhém. Vydejme se tedy na tuto slanou odyseu a společně objevíme autentické chutě peruánského pouličního jídla.

SNÍDANĚ

1. Picarones/peruánské koblihy

SLOŽENÍ:
- 2 šálky dýňového pyré
- 2 šálky sladké bramborové kaše
- 1 hrnek univerzální mouky
- 1/4 šálku kukuřičného škrobu
- 1 lžička aktivní suché droždí
- 1 lžička cukr
- 1/2 lžičky mletá skořice
- 1/4 lžičky mletý hřebíček
- 1/4 lžičky mletý anýz
- 1/2 lžičky sůl
- Rostlinný olej, na smažení
- 1 šálek melasy nebo sirupu chancaca na podávání
- 1/2 šálku pražených sezamových semínek, na ozdobu

INSTRUKCE:

a) Ve velké míse smíchejte dýňové pyré a pyré ze sladkých brambor.

b) Dobře promíchejte, aby se spojily.

c) V samostatné malé misce rozpusťte aktivní suché droždí a cukr ve 1/4 šálku teplé vody. Nechte 5 minut odležet nebo dokud nezpění.

d) Do kaše z dýní a sladkých brambor přidejte kvasnicovou směs. Míchejte, dokud se dobře nezapracuje.

e) V jiné míse prosejeme univerzální mouku, kukuřičný škrob, mletou skořici, mletý hřebíček, mletý anýz a sůl.

f) Do směsi dýně a sladkých brambor postupně za stálého míchání přidávejte suché ingredience, dokud nevznikne hladké a lepivé těsto. Nechte těsto 30 minut odpočinout, aby se rozvinuly chutě.

g) Ve velké hluboké pánvi nebo holandské troubě zahřejte rostlinný olej na středně vysokou teplotu na přibližně 350 °F (175 °C).

h) Pomocí lžíce nebo sáčku se širokou špičkou opatrně vhazujte kopečky těsta do horkého oleje a tvarujte je do malých kroužků nebo disků. Picarones/peruánské koblihy smažte v dávkách a dávejte pozor, abyste pánev nepřeplnili.

i) Picarones/peruánské koblihy smažte asi 3–4 minuty z každé strany, nebo dokud nezezlátnou a nebudou křupavé. Pomocí děrované lžíce je přeneste na talíř vyložený papírovou utěrkou, aby se spustil přebytečný olej.

j) Picarones/peruánské koblihy podávejte teplé, pokapané melasou nebo sirupem chancaca a posypané opečenými sezamovými semínky.

2.Tacu Tacu/palačinka z fazolí a rýže

SLOŽENÍ:
- 2 šálky vařené bílé rýže
- 1 šálek vařených a ochucených kanárských nebo černých fazolí
- 1/2 šálku jemně nakrájené vařené slaniny nebo pancetty
- 1/2 šálku jemně nakrájeného vařeného zbytkového masa (jako je hovězí, kuřecí nebo vepřové)
- 1/4 šálku jemně nakrájené cibule
- 2 stroužky česneku, mleté
- 1 lžička kmín
- Sůl, podle chuti
- Čerstvě mletý černý pepř, podle chuti
- Rostlinný olej, na smažení
- Smažená vejce, k podávání (volitelné)
- Salsa criolla (peruánská salsa z cibule a rajčat), k podávání (volitelné)

INSTRUKCE:

a) Ve velké misce smíchejte uvařenou bílou rýži a uvařené kanárské nebo černé fazole.
b) Rozmačkejte je dohromady vidličkou nebo šťouchadlem na brambory, dokud se dobře nespojí. Směs by měla držet pohromadě.
c) Na pánvi zahřejte na středním plameni malé množství rostlinného oleje.
d) Přidejte na kostičky nakrájenou slaninu nebo pancettu a vařte dokřupava. Vyjměte slaninu z pánve a dejte ji stranou, přepálený tuk nechte v pánvi.
e) Do stejné pánve s přepuštěným tukem přidejte najemno nakrájenou cibuli a prolisovaný česnek. Opékejte, dokud cibule nezprůsvitní a nezavoní.
f) Na pánev přidejte najemno nakrájené vařené maso a několik minut opékejte, dokud se neprohřeje.
g) Přidejte rozmačkanou rýži a směs fazolí na pánev spolu s vařenou slaninou.
h) Vše dobře promíchejte, ingredience rovnoměrně zapracujte.
i) Dochuťte kmínem, solí a černým pepřem podle chuti.
j) Vařte ještě pár minut, aby se chutě spojily.
k) Vyjměte směs z pánve a nechte ji mírně vychladnout.
l) Směs rozdělte na porce a tvarujte z nich kulaté nebo oválné placičky o tloušťce asi 1/2 až 3/4 palce.
m) V čisté pánvi rozehřejte na středním plameni tolik rostlinného oleje, aby pokryl dno pánve.
n) Přidejte vytvarované placičky Tacu Tacu/rozmačkané fazole a rýžové palačinky a vařte do zlatova a do křupava z obou stran, asi 3-4 minuty z každé strany.
o) Placky Tacu Tacu/rozmačkané fazole a rýžové palačinky vyjměte z pánve a nechte je okapat na talíři vyloženém papírovou utěrkou, abyste odstranili přebytečný olej.
p) Tacu Tacu/rozmačkané fazole a rýžové palačinky podávejte horké s volitelnými smaženými vejci navrchu a stranou salsa criolla pro větší chuť a svěžest.

3.Peruánská kaše Quinoa / Quinua Atamalada

SLOŽENÍ:
- 1 šálek quinoa
- 3 šálky vody
- 1 šálek mléka
- 1/2 hrnku cukru (upravte podle chuti)
- 1 tyčinka skořice
- 1 lžička vanilkového extraktu
- Rozinky a nasekané ořechy na ozdobu

INSTRUKCE:
a) Quinou důkladně opláchněte pod studenou vodou.
b) V hrnci smíchejte quinou, vodu a tyčinku skořice. Přiveďte k varu, poté snižte plamen a vařte asi 15–20 minut, nebo dokud se quinoa neuvaří a směs nezhoustne.
c) Přidejte mléko, cukr a vanilkový extrakt. Promíchejte a pokračujte ve vaření dalších 10-15 minut.
d) Vyjměte tyčinku skořice.
e) Quinou podávejte horkou, ozdobenou rozinkami a nasekanými ořechy.

4.Tortilla de Espinaca / Špenátová omeleta

SLOŽENÍ:
- 4 vejce
- 1 šálek čerstvého špenátu, nakrájeného
- 1/2 šálku nakrájené papriky
- 1/2 šálku nakrájené cibule
- 1/2 šálku strouhaného sýra
- Sůl a pepř na dochucení
- Olivový olej na vaření

INSTRUKCE:
a) V misce rozšleháme vejce a přidáme nakrájený špenát, na kostičky nakrájenou papriku, na kostičky nakrájenou cibuli a nastrouhaný sýr. Dochuťte solí a pepřem.
b) Zahřejte olivový olej na nepřilnavé pánvi na středním ohni.
c) Vaječnou směs nalijte do pánve a vařte, dokud okraje nezačnou tuhnout.
d) Omeletu opatrně otočte a vařte, dokud se nepropeče a sýr se nerozpustí.
e) Podávejte horké.

5.Champorado / Čokoládová rýžová kaše

SLOŽENÍ:
- 1 šálek lepkavé rýže
- 4 šálky vody
- 1/2 šálku kakaového prášku
- 1/2 hrnku cukru (upravte podle chuti)
- 1/2 šálku odpařeného mléka
- Špetka soli
- Strouhaný kokos nebo kondenzované mléko na ozdobu

INSTRUKCE:
a) V hrnci smíchejte lepkavou rýži a vodu. Přiveďte k varu a vařte, dokud se rýže neuvaří a směs nezhoustne.
b) V samostatné misce smíchejte kakaový prášek, cukr, odpařené mléko a špetku soli, abyste vytvořili čokoládovou polevu.
c) Čokoládovou omáčku smíchejte s uvařenou rýží a dobře promíchejte.
d) Podávejte horké, ozdobené strouhaným kokosem nebo kondenzovaným mlékem.

6. Sangrecita

SLOŽENÍ:
- 500 gramů kuřecí krve
- 40 ml plnotučné smetany
- 3 lžíce olivového oleje nebo pokapaného hovězího masa.
- 2 středně nakrájené cibule
- 1 hlava nasekaného česneku
- 1 malá pálivá paprika
- Oregano
- Nasekaná máta a koriandr
- Sůl

INSTRUKCE:
a) Kuřecí krev dáme do lednice, aby vychladla.
b) Na olivovém oleji opékejte česnek, cibuli a pepř až 10 minut.
c) Přidejte nasekané bylinky, sůl.
d) Odstraňte krev, nakrájejte na malé kostičky a přidejte do směsi.
e) Dobře promíchejte.
f) Podle chuti přidejte ještě trochu oleje a soli.

7. Peruánské trojité sendviče

SLOŽENÍ:
- 4 vejce
- ¼ šálku majonézy
- 8 plátků bílého sendvičového chleba, zbavené kůrky
- 1 velké zralé avokádo
- 1 zralé rajče, nakrájené na plátky
- ½ lžičky soli a pepře, rozdělené

INSTRUKCE:
a) Vložte vejce v jedné vrstvě do hrnce. Zakryjte o 1 palec (2,5) cm studenou vodou.
b) Postavte pánev na vysokou teplotu a přiveďte vodu k varu.
c) Umístěte na pánev těsně přiléhající víko a sejměte z ohně. Necháme 6 minut odstát.
d) Slijte vodu a umístěte vejce pod studenou tekoucí vodu na 1 minutu nebo dokud nevychladnou natolik, aby se s nimi dalo manipulovat. Každé vejce oloupejte a nakrájejte.
e) Každý plátek chleba potřete tenkou vrstvou majonézy.
f) Avokádo rovnoměrně rozdělte na 2 kousky chleba; dochuťte trochou soli a pepře. Navrch avokádo s kouskem chleba, majonézovou stranou nahoru.
g) Rajčata rovnoměrně rozdělte na 2 kousky chleba; dochuťte trochou soli a pepře.
h) Navrch rajče s třetím kouskem chleba; mayo stranou nahoru. Nakrájená vejce rozdělte rovnoměrně na 2 kousky chleba; dochutíme zbylou solí a pepřem.
i) Navrch dáme poslední kousek chleba; majonéza stranou dolů.
j) Každý sendvič rozřízněte na polovinu, abyste získali 4 porce.

8.Červené Chilaquiles se sázenými vejci

SLOŽENÍ:
NA OMÁČKU:
- Jedna plechovka loupaných rajčat o objemu 12 uncí spolu s 1/2 šálkem doprovodných šťáv
- 1 jalapeňo, včetně semínek, nahrubo nasekané
- 1 malá bílá cibule, nakrájená na kostičky
- 2 chipotle papričky v adobo omáčce
- 4 stroužky česneku
- 1/4 šálku nahrubo nasekaného čerstvého koriandru
- 2 lžíce rostlinného oleje
- 1 lžíce agávového nektaru
- Špetka soli

PRO MONTÁŽ:
- Rostlinný olej na smažení
- Kukuřičné tortilly, nakrájené nebo natrhané na trojúhelníky
- Sůl a pepř
- Strouhaný sýr Monterey Jack
- sýr Cotija
- Vejce
- Čerstvý koriandr

INSTRUKCE:

a) Začněte tím, že všechny ingredience omáčky, kromě oleje, agáve a soli, vložíte do mixéru a mixujete, dokud nedosáhnete hladké konzistence. Zahřejte rostlinný olej ve velkém hrnci na střední teplotu, poté přidejte rozmixovanou omáčku a míchejte, dokud nezhoustne.

b) Přidejte agáve a sůl. Zde můžete narazit na svou počáteční výzvu, a to odolat pokušení spotřebovat všechnu omáčku nebo ji zhltnout přímo z rendlíku s pytlíkem Tostitos. Cvičte zdrženlivost. (Omáčku lze připravit předem, vychladit a skladovat v lednici až jeden den.)

SHROMÁŽDIT

c) Předehřejte brojler a začněte smažit tortilly. V hrnci rozehřejte asi 1/4 palce oleje a po dávkách opékejte tortillové trojúhelníky a v polovině je obracejte, dokud nebudou trochu křupavé, i když ne úplně křupavé.

d) Osmažené tortilly nechte okapat na papírové utěrce a lehce je dochuťte solí. Toto je vaše další výzva: pokušení zkonzumovat všechnu omáčku s těmito téměř chipsy. Musíte však odolat.

e) Do vámi zvoleného pokrmu (použijte kastrol nebo litinovou pánev pro větší shromáždění nebo koláčovou pánev nebo talíř pro menší skupiny) naaranžujte vrstvu tortilly a postupně je překrývají. Nalijte na ně omáčku na požadovanou úroveň pikantnosti (obecně platí, že více je lepší) a poté je bohatě zakryjte oběma sýry. Je přijatelné, aby to vypadalo poněkud polévkově; ve skutečnosti by mělo. Směs grilujte, dokud se sýr nerozpustí. V této fázi se nepokoušejte používat vidličku.

f) Na malé pánvi lehce opečte vejce a ujistěte se, že žloutky zůstanou neuvařené, protože víte, co přijde.

g) Naberte porce pikantní tortilly do jednotlivých misek, přidejte vejce nebo dvě, trochu čerstvého koriandru a dochuťte solí a pepřem.

9.Snídaně s rajčaty a sázeným vejcem na toastu

SLOŽENÍ:
- 4 silné plátky chleba ve venkovském stylu
- Olivový olej
- 1 velký stroužek česneku, oloupaný
- 1 velké zralé rajče, rozpůlené
- 4 velká vejce
- Sůl a pepř

INSTRUKCE:
a) Potřete obě strany silných plátků chleba trochou olivového oleje a opečte v troubě nebo toustovači při teplotě asi 375 °F, dokud nezezlátnou a nebudou křupavé.
b) Jakmile jsou toasty hotové, vyndejte je z trouby a bohatě je potřete oloupaným stroužkem česneku a následně řeznou stranou rajčete.
c) Při tření nezapomeňte na toasty vytlačit šťavnaté vnitřky rajčat. Toasty posypeme špetkou soli a pepře.
d) Do velké pánve nebo pánve přidejte tenkou vrstvu olivového oleje a zahřejte na středně vysokou teplotu.
e) Vejce rozklepněte do pánve, ochuťte solí a pepřem, poté pánev přikryjte a vařte, dokud bílky neztuhnou, zatímco žloutky zůstanou tekuté. Na každý kousek toastu položte jedno smažené vejce a podávejte.
f) Užijte si lahodnou snídani!

PŘEDkrmy A SVAČINKY

10.Pan con Chicharrón / vepřový sendvič

SLOŽENÍ:
- 4 malé rohlíky (například ciabatta nebo francouzské rohlíky)
- 1 lb vepřové plece, nakrájené na tenké plátky
- 2 stroužky česneku, mleté
- 1 lžička kmínu
- 1/2 lžičky papriky
- Sůl a pepř na dochucení
- Nakrájené sladké brambory
- Salsa criolla (cibule, limetková šťáva a chilli paprička) na polevu

INSTRUKCE:
a) V misce marinujte vepřové plátky s česnekem, kmínem, paprikou, solí a pepřem. Nechte ho marinovat alespoň 30 minut.
b) Na pánvi rozehřejte trochu oleje a opékejte marinované vepřové maso, dokud není křupavé a propečené.
c) Housky rozkrojte napůl a navrstvěte vařené vepřové maso, nakrájené batáty a salsu criollu.
d) Rohlíky uzavřeme a horké podáváme.

11. Tamales Peruanos / peruánský Tamales

SLOŽENÍ:

- 2 šálky masa harina (kukuřičná mouka)
- 1/2 šálku rostlinného oleje
- 1 hrnek kuřecího nebo vepřového vývaru
- 1 lžička aji amarillo pasty (peruánská žlutá chilli pasta)
- 1/2 šálku vařené a nakrájené kuřecí nebo vepřové maso
- 2 vařená vejce, nakrájená na plátky
- Nakrájené olivy a rozinky na náplň
- Banánové listy nebo kukuřičné slupky na obalení

INSTRUKCE:

a) Ve velké misce smíchejte masa harina, rostlinný olej, kuřecí nebo vepřový vývar a pastu aji amarillo. Míchejte, dokud nebudete mít hladké těsto.
b) Vezměte banánový list nebo kukuřičnou slupku, položte na něj lžíci těsta a rozprostřete.
c) Do středu těsta přidejte plátek vejce, nakrájené maso, olivy a rozinky.
d) Složte banánový list nebo kukuřičnou slupku, abyste tamale zabalili a vytvořte úhledný balíček.
e) Tamales vařte v páře asi 45 minut až 1 hodinu, dokud nejsou uvařené a pevné.
f) Podávejte tamales s další omáčkou salsa criolla nebo aji, pokud chcete.

12. Patacones/smažené jitrocele

SLOŽENÍ:
- 2 zelené banány
- Rostlinný olej na smažení
- Sůl podle chuti

INSTRUKCE:
a) Začněte loupáním zelených banánů. Chcete-li to provést, odřízněte konce banánů a udělejte podél kůže podélný řez. Odstraňte slupku odtažením od jitrocele.
b) Banány nakrájejte na silné plátky o tloušťce asi 2,5 cm.
c) Zahřejte rostlinný olej v hluboké pánvi nebo pánvi na středním ohni. Ujistěte se, že je dostatek oleje, aby byly plátky jitrocele zcela ponořené.
d) Plátky jitrocele opatrně přidejte do rozpáleného oleje a opékejte je asi 3–4 minuty z každé strany nebo dokud nezezlátnou.
e) Osmažené plátky jitrocele vyjmeme z oleje a položíme na plech vyložený papírovou utěrkou, aby odsál přebytečný olej.
f) Vezměte každý smažený plátek jitrocele a vyrovnejte jej pomocí dna sklenice nebo kuchyňského nástroje speciálně určeného pro zploštění.
g) Zploštělé plátky jitrocele vraťte na rozpálený olej a opékejte je další 2–3 minuty z každé strany, dokud nebudou křupavé a zlatavě hnědé.
h) Jakmile jsou usmažené na požadovanou úroveň křupavosti, vyjměte patacony/smažené banány z oleje a položte je na talíř vyložený papírovou utěrkou, aby vypustil přebytečný olej.
i) Ještě horké posypte patacony/smažené jitrocele podle chuti solí.
j) Patacones/smažené jitrocele podávejte jako přílohu nebo jako základ pro polevy nebo náplně, jako je guacamole, salsa nebo trhané maso.

13. Bílá ryba Ceviche

SLOŽENÍ:
- 1 libra filé z čerstvých bílých ryb (jako je platýs nebo snapper), nakrájená na kousky velikosti sousta
- 1 šálek čerstvé limetkové šťávy
- 1 malá červená cibule, nakrájená na tenké plátky
- 1-2 čerstvé papričky rokoto nebo habanero, zbavené semínek a nakrájené nadrobno
- 1/2 šálku nasekaného čerstvého koriandru
- 1/4 šálku nasekaných čerstvých lístků máty
- 2 stroužky česneku, mleté
- Sůl, podle chuti
- Čerstvě mletý černý pepř, podle chuti
- 1 sladký brambor, uvařený a nakrájený na plátky
- 1 klas kukuřice, vařený a odstraněná jádra
- Listy salátu, k podávání

INSTRUKCE:
a) V nereaktivní misce smíchejte kousky ryby s limetkovou šťávou a ujistěte se, že je ryba zcela zakrytá.

b) Necháme v lednici marinovat asi 20-30 minut, dokud ryba nezprůhlední.

c) Z ryby slijte limetkovou šťávu a šťávu vylijte.

d) V samostatné misce smíchejte marinovanou rybu s červenou cibulí, papričkami rokoto nebo habanero, koriandrem, mátou a česnekem. Jemně promíchejte, aby se spojily.

e) Dochuťte solí a čerstvě mletým černým pepřem podle chuti. Upravte množství papriček rokoto nebo habanero podle požadované úrovně pikantnosti.

f) Nechte ceviche marinovat v lednici dalších 10-15 minut, aby se chutě spojily.

g) Ceviche podávejte vychlazené na lůžku z listů salátu, ozdobené plátky vařených batátů a kukuřičnými zrny.

14. Tiradito / Pikantní marinovaný Ceviche

SLOŽENÍ:
- 1 libra čerstvých rybích filé (jako je platýs, jazyk nebo chňapal), nakrájené na tenké plátky
- Šťáva ze 3-4 limetek
- 2 polévkové lžíce. ano amarillo pasta
- 2 stroužky česneku, mleté
- 1 polévková lžíce. sójová omáčka
- 1 polévková lžíce. olivový olej
- 1 lžička cukr
- Sůl, podle chuti
- Pepř, podle chuti
- Čerstvý koriandr, nasekaný, na ozdobu
- Červená cibule, nakrájená na tenké plátky, na ozdobu
- Rokoto nebo červená chilli paprička nakrájená na tenké plátky na ozdobu

INSTRUKCE:
a) Na tenké plátky nakrájené rybí filé dejte do mělké misky.
b) V misce smíchejte limetkovou šťávu, ají amarillo pastu, mletý česnek, sójovou omáčku, olivový olej, cukr, sůl a pepř. Šlehejte, dokud se dobře nespojí.
c) Nalijte rybu marinádou a ujistěte se, že je každý plátek rovnoměrně potažen.
d) Rybu necháme asi 10-15 minut marinovat v lednici. Kyselost limetkové šťávy rybu mírně „povaří".
e) Marinované rybí plátky rozložte na servírovací talíř.
f) Rybu pokapejte trochou marinády jako dresink.
g) Tiradito/peruánské Ceviche ozdobte nasekaným čerstvým koriandrem, na tenké plátky nakrájenou červenou cibulí a nakrájenou rokotovou paprikou nebo červenou chilli papričkou.
h) Tiradito/peruánské Ceviche ihned podávejte jako předkrm nebo lehké hlavní jídlo.

15. Ceviche de Conchas Negras/Black Clam Ceviche

SLOŽENÍ:
- 1 libra čerstvých černých škeblí (conchas negras), očištěných a vyloupaných
- 1 červená cibule, nakrájená na tenké plátky
- 2-3 rokoto nebo jiné pikantní chilli papričky nakrájené nadrobno
- 1 šálek čerstvě vymačkané limetkové šťávy
- 1/2 šálku čerstvě vymačkané citronové šťávy
- Sůl podle chuti
- Čerstvé lístky koriandru, nakrájené
- Kukuřičná zrna (volitelné)
- Sladké brambory, vařené a nakrájené (volitelné)
- Listy salátu (volitelné)

INSTRUKCE:
a) Černé škeble důkladně opláchněte pod studenou vodou, abyste odstranili veškerý písek nebo písek. Opatrně vyjměte škeble, vyhoďte skořápky a odložte maso. Maso škeble nakrájejte na kousky velikosti sousta.
b) V nereaktivní misce smíchejte nakrájené černé škeble, plátky červené cibule a rokoto nebo chilli papričky.
c) Nalijte čerstvě vymačkanou šťávu z limetky a citronu na směs škeblí a ujistěte se, že všechny přísady jsou pokryty citrusovou šťávou. To pomůže "uvařit" škeble.
d) Dochuťte solí podle chuti a vše jemně promíchejte.
e) Mísu zakryjte plastovou fólií a dejte do chladničky asi na 30 minut až 1 hodinu. Během této doby bude kyselina z citrusové šťávy dále marinovat a „uvařit" škeble.
f) Před podáváním ceviche ochutnejte a případně dochuťte.
g) Ozdobte čerstvě nasekanými lístky koriandru.
h) Volitelné: Podávejte ceviche s vařenými kukuřičnými zrny, nakrájenými sladkými bramborami a listy salátu pro větší texturu a přílohy.
i) Ceviche de Conchas Negras/Black Clam Ceviche podávejte vychlazené jako předkrm nebo hlavní jídlo. Vychutnejte si ho s opečenými kukuřičnými zrny (cancha) nebo křupavými kukuřičnými tortillami.
j) Poznámka: Pro tento ceviche je důležité používat čerstvé a vysoce kvalitní černé škeble. Ujistěte se, že škeble pocházejí od spolehlivých dodavatelů mořských plodů a jsou před použitím řádně vyčištěny.

16. Papa Rellena / Plněné brambory

SLOŽENÍ:
- 4 velké brambory, oloupané a nakrájené na čtvrtky
- 1 polévková lžíce. rostlinný olej
- 1 malá cibule, nakrájená nadrobno
- 2 stroužky česneku, mleté
- 1/2 libry mletého hovězího nebo mletého masa dle vašeho výběru
- 1 lžička mletý kmín
- 1/2 lžičky paprika
- Sůl a pepř na dochucení
- 2 natvrdo uvařená vejce, nakrájená
- 12 oliv, vypeckovaných a nakrájených
- Rostlinný olej na smažení

INSTRUKCE:
a) Brambory dejte do velkého hrnce s osolenou vodou a přiveďte k varu.
b) Brambory vařte, dokud nebudou měkké, asi 15–20 minut.
c) Brambory sceďte a přendejte do velké mísy.
d) Brambory rozmačkejte do hladka a dejte stranou.
e) V pánvi rozehřejte rostlinný olej na středním plameni.
f) Přidejte nakrájenou cibuli a nasekaný česnek a restujte, dokud nejsou měkké a průsvitné.
g) Přidejte mleté hovězí maso na pánev a vařte, dokud nezhnědne a zcela uvaří. Velké kusy masa nalámejte lžící.
h) Masovou směs ochutíme mletým kmínem, paprikou, solí a pepřem. Dobře promíchejte, aby se koření rovnoměrně propojilo.
i) Pánev stáhneme z plotny a vmícháme nakrájená natvrdo uvařená vejce a olivy.
j) Vše smíchejte dohromady, dokud se dobře nespojí.
k) Vezměte část bramborové kaše (velikost asi malého tenisového míčku) a zploštěte ji v ruce. Do středu zploštělé brambory dejte lžíci masové směsi a kolem náplně vytvarujte bramborové těsto, abyste vytvořili kouli. Postup opakujte se zbylou bramborovou kaší a masovou směsí.
l) Ve velké pánvi nebo fritéze rozehřejte dostatek rostlinného oleje na smažení na středním ohni. Do rozpáleného oleje opatrně vložíme bramborové kuličky a smažíme je ze všech stran dozlatova a křupavé. Vyjměte Papa Rellena / Plněné brambory z oleje a nechte je okapat na talíři vyloženém papírovou utěrkou.
m) Papa Rellena/plněné brambory podávejte horké jako předkrm nebo hlavní chod. Můžete si je vychutnat samotné nebo s přílohou salsa criolla (tradiční peruánská pochoutka z cibule a rajčat) nebo omáčkou aji (pikantní peruánská omáčka).
n) Vychutnejte si lahodné chutě Papa Rellena / Plněné brambory, dokud jsou ještě teplé a křupavé.

17. Tequeños/Sýrové tyčinky s omáčkou

SLOŽENÍ:
- 12 obalů na vaječné rolky (nebo Wonton obaly)
- 12 plátků queso fresco (čerstvý bílý sýr)
- 1 vejce, rozšlehané (pro uzavření obalů)
- Olej na smažení

Na namáčecí omáčku:
- 2 lžíce pasty aji amarillo
- 1/4 šálku majonézy
- 1 lžíce limetkové šťávy
- Sůl a pepř na dochucení

INSTRUKCE:
a) Položte obal na vaječné rolky, doprostřed položte plátek queso fresky a srolujte, okraje utěsněte rozšlehaným vejcem.
b) Na pánvi rozehřejte olej na smažení.
c) Smažte tequeños, dokud nebudou zlatohnědé a křupavé.
d) Na omáčku smíchejte aji amarillo pastu, majonézu, limetkovou šťávu, sůl a pepř.
e) Podávejte tequeños s omáčkou.

18. Yuca Fries

SLOŽENÍ:
- 2 libry yuca (maniok), oloupané a nakrájené na hranolky
- Olej na smažení
- Sůl podle chuti

INSTRUKCE:
a) Ohřejte olej ve fritéze nebo velkém hrnci na 350 °F (175 °C).
b) Smažte yuca hranolky po dávkách, dokud nejsou zlaté a křupavé, asi 4-5 minut.
c) Vyjměte a nechte okapat na papírových utěrkách.
d) Posypeme solí a podáváme horké.

19.Peruánský Ceviche

SLOŽENÍ:
- 1 lb bílé ryby (jako je mořský okoun nebo jazyk), nakrájené na malé kousky
- 1 šálek čerstvé limetkové šťávy
- 1 červená cibule, nakrájená nadrobno
- 2-3 aji limo papričky (nebo jiné pálivé chilli papričky), nakrájené nadrobno
- 1-2 stroužky česneku, nasekané
- 1 sladký brambor, uvařený a nakrájený na plátky
- 1 kukuřičný klas, uvařený a nakrájený na kolečka
- Čerstvý koriandr, nasekaný
- Sůl a pepř na dochucení

INSTRUKCE:
a) Ve velké misce smíchejte rybu a limetkovou šťávu. Kyselina v limetkové šťávě rybu „uvaří". Necháme asi 10-15 minut marinovat.
b) K marinované rybě přidejte nakrájenou červenou cibuli a papriku aji limo. Dobře promíchejte.
c) Dochuťte mletým česnekem, solí a pepřem.
d) Ceviche podávejte s plátky vařených sladkých brambor, kolečky kukuřice a ozdobou čerstvého koriandru.

20. Papa a la Huancaína / brambory ve stylu Huancayo

SLOŽENÍ:

- 4 velké žluté brambory
- 1 šálek aji amarillo omáčky (vyrobené z peruánských žlutých chilli papriček)
- 1 šálek queso fresco (peruánský čerstvý sýr), rozdrobený
- 4 slané krekry
- 1/4 šálku odpařeného mléka
- 2 lžíce rostlinného oleje
- 2 natvrdo uvařená vejce, nakrájená na plátky
- Černé olivy na ozdobu
- Listy salátu (volitelné)

INSTRUKCE:

a) Brambory uvaříme doměkka, oloupeme a nakrájíme na kolečka.
b) V mixéru smíchejte omáčku aji amarillo, queso fresco, slané krekry, odpařené mléko a rostlinný olej. Míchejte, dokud nezískáte krémovou omáčku.
c) Kolečka brambor naaranžujte na talíř (pokud chcete na listy salátu).
d) Brambory přelijte omáčkou Huancaína.
e) Ozdobte plátky natvrdo uvařených vajec a černými olivami.
f) Podávejte vychlazené.

21.Palta Rellena / Plněné avokádo

SLOŽENÍ:
- 2 zralá avokáda, rozpůlená a vypeckovaná
- 1 konzerva tuňáka, okapaná
- 1/4 šálku majonézy
- 1/4 šálku nasekaného čerstvého koriandru
- 1/4 šálku červené cibule, jemně nakrájené
- Limetkový džus
- Sůl a pepř na dochucení
- Listy salátu k podávání

INSTRUKCE:
a) Vydlabejte část dužiny avokáda ze středu každé půlky avokáda, abyste vytvořili prohlubeň.
b) V misce smíchejte tuňáka, majonézu, koriandr, červenou cibuli a kapku limetkové šťávy. Dochuťte solí a pepřem.
c) Půlky avokáda naplňte směsí z tuňáka.
d) Podávejte na lůžku z listů salátu.
e) Užijte si tyto další peruánské předkrmy a občerstvení!

TĚSTOVINY

22. Carapulcra con Sopa Seca

SLOŽENÍ:

PRO CARAPULCRA:
- 2 libry sušených brambor (papas secas)
- 1 lb vepřové plece, nakrájené na kostičky
- 1/4 šálku aji panca pasty (peruánská červená chilli pasta)
- 1/4 šálku mletých arašídů
- 1 červená cibule, nakrájená nadrobno
- 4 stroužky česneku, nasekané
- 2 hrnky kuřecího vývaru
- 1/2 šálku bílého vína
- 2 bobkové listy
- Rostlinný olej na smažení
- Sůl a pepř na dochucení

PRO SOPA SECA:
- 2 šálky těstovin z andělských vlasů, nalámaných na malé kousky
- 1/4 šálku rostlinného oleje
- 2 stroužky česneku, mleté
- 2 hrnky kuřecího vývaru
- Sůl a pepř na dochucení

INSTRUKCE:

a) Carapulcra: Ve velkém hrnci rozehřejte rostlinný olej a osmahněte na kostičky nakrájené vepřové maso.

b) Přidejte najemno nakrájenou cibuli, nasekaný česnek a pastu aji panca. Vaříme, dokud cibule nezměkne.

c) Vmícháme mleté arašídy, sušené brambory, kuřecí vývar, bílé víno, bobkové listy, sůl a pepř. Dusíme, dokud nejsou sušené brambory měkké a guláš zhoustne.

d) Pro Sopa Seca: V samostatné pánvi rozehřejte rostlinný olej a orestujte těstoviny z rozlámaných andělských vlasů, dokud nezískají zlatohnědou barvu.

e) Přidejte prolisovaný česnek, kuřecí vývar, sůl a pepř. Vařte, dokud těstoviny nezměknou a vývar se nevstřebá.

f) Podávejte Carapulcru a Sopa Seca společně pro lahodnou peruánskou kombinaci.

23.Saltado tofu Lomo Saltado

SLOŽENÍ:
NA SALÁT:
- 2 šálky míchaného zeleného salátu (např. hlávkový salát, špenát, rukola)
- 1 červená cibule, nakrájená na tenké plátky
- 1 rajče, nakrájené na měsíčky
- 1 šálek vařené quinoa
- 1 šálek pražených proužků červené papriky
- 1/2 šálku vařených zelených fazolek

NA TOFU LOMO SALTADO:
- 14 uncí extra tuhého tofu, na kostky
- 2 lžíce sójové omáčky
- 1 lžíce octa
- 1 lžíce aji amarillo pasty (peruánská žlutá chilli pasta)
- 1 stroužek česneku, nasekaný
- Sůl a pepř na dochucení
- Rostlinný olej na smažení

INSTRUKCE:
a) Kostičky tofu promíchejte se sójovou omáčkou, octem, pastou aji amarillo, mletým česnekem, solí a pepřem. Marinujte asi 15 minut.
b) Na pánvi rozehřejte rostlinný olej a orestujte na něm marinované tofu dokřupava.
c) Salát sestavte tak, že naaranžujete míchanou zeleninu, červenou cibuli, rajčata, quinou, pečenou červenou papriku a zelené fazolky.
d) Doplňte salát křupavým tofu Lomo Saltado.
e) Podávejte s lehkým vinaigrettem nebo dresinkem dle vlastního výběru.

24. Zelené špagety

SLOŽENÍ:
- 1 libra fettuccine nebo špagetových těstovin
- 2 šálky čerstvých lístků bazalky
- 1 šálek čerstvých špenátových listů
- 1/2 šálku strouhaného parmazánu
- 1/4 šálku vlašských ořechů nebo piniových oříšků
- 2 stroužky česneku
- 1/2 šálku odpařeného mléka
- 1/4 šálku rostlinného oleje
- 1 polévková lžíce. olivový olej
- Sůl a pepř na dochucení
- Strouhaný parmazán na ozdobu

INSTRUKCE:
a) Těstoviny uvaříme podle návodu na obalu do al dente. Sceďte a dejte stranou.

b) V mixéru nebo kuchyňském robotu smíchejte listy bazalky, špenátové listy, strouhaný parmazán, vlašské nebo piniové oříšky, česnek, odpařené mléko, rostlinný olej a olivový olej. Mixujte, dokud nezískáte hladkou a zářivou zelenou omáčku.

c) Rozpalte velkou pánev na střední teplotu.

d) Přidejte zelenou omáčku na pánev a vařte asi 5 minut za občasného míchání, dokud se omáčka neprohřeje.

e) Přidejte uvařené těstoviny na pánev se zelenou omáčkou. Těstoviny vmíchejte do omáčky, dokud nebudou dobře obalené a prohřáté.

f) Dochuťte solí a pepřem podle chuti. Upravte koření podle vašich preferencí.

g) Tallarines Verdes/Green Spaghetti přeneste do servírovací misky nebo na jednotlivé talíře. Ozdobte strouhaným parmazánem.

h) Ihned podávejte, dokud jsou ještě teplé.

25. Zelená omáčka s Linguine

SLOŽENÍ:
PRO TALLARINY:
- 8 oz fettuccine nebo linguine těstoviny
- 2 šálky čerstvých listů špenátu
- 1/2 šálku čerstvých lístků bazalky
- 1/4 šálku queso fresco (peruánský čerstvý sýr)
- 2 stroužky česneku, mleté
- 1/4 šálku odpařeného mléka
- 2 lžíce rostlinného oleje
- Sůl a pepř na dochucení

NA SALÁT:
- Směs zeleniny (např. hlávkový salát, rukola, špenát)
- Cherry rajčata
- Nakrájené avokádo

INSTRUKCE:
a) Těstoviny uvaříme podle návodu na obalu do al dente. Sceďte a dejte stranou.
b) V mixéru smíchejte čerstvý špenát, bazalku, queso fresco, mletý česnek, odpařené mléko, rostlinný olej, sůl a pepř. Míchejte, dokud nezískáte krémově zelenou omáčku.
c) Uvařené těstoviny promíchejte se zelenou omáčkou, dokud nebudou dobře pokryté.
d) Zelené těstoviny podávejte na lůžku ze smíšené zeleniny, ozdobené cherry rajčátky a nakrájeným avokádem.

26. Tallarines Rojos (omáčka z červených nudlí)

SLOŽENÍ:
PRO TALLARINY:
- 8 oz fettuccine nebo linguine těstoviny
- 1/4 šálku rostlinného oleje
- 2 stroužky česneku, mleté
- 1/4 šálku aji panca pasty (peruánská červená chilli pasta)
- 1 šálek odpařeného mléka
- 1/4 šálku queso fresco (peruánský čerstvý sýr)
- Sůl a pepř na dochucení

NA SALÁT:
- Směs zeleniny (např. hlávkový salát, rukola, špenát)
- Nakrájené avokádo
- Cherry rajčata

INSTRUKCE:
a) Těstoviny uvaříme podle návodu na obalu do al dente. Sceďte a dejte stranou.
b) V hrnci rozehřejte rostlinný olej a přidejte nasekaný česnek. Vařte minutu, dokud nezavoní.
c) Vmíchejte pastu aji panca, odpařené mléko, queso fresco, sůl a pepř. Vaříme, dokud omáčka nezhoustne.
d) Uvařené těstoviny promíchejte s červenou omáčkou, dokud nebudou dobře obalené.
e) Podávejte červené těstoviny na lůžku ze smíšené zeleniny, ozdobené nakrájeným avokádem a cherry rajčátky.

27. Tallarines Verdes con Pollo (zelené nudle s kuřecím masem)

SLOŽENÍ:
NA ZELENOU OMÁČKU:
- 2 šálky čerstvých listů špenátu
- 1/2 šálku čerstvých lístků bazalky
- 1/4 šálku queso fresco (peruánský čerstvý sýr)
- 2 stroužky česneku, mleté
- 1/4 šálku odpařeného mléka
- 2 lžíce rostlinného oleje
- Sůl a pepř na dochucení

PRO KUŘE:
- 4 kuřecí prsa bez kostí a kůže
- 2 lžíce rostlinného oleje
- Sůl a pepř na dochucení

NA NUDLE:
- 8 oz fettuccine nebo linguine těstoviny
- Strouhaný parmazán na ozdobu

INSTRUKCE:
a) V mixéru smíchejte čerstvý špenát, bazalku, queso fresco, mletý česnek, odpařené mléko, rostlinný olej, sůl a pepř. Míchejte, dokud nezískáte hladkou zelenou omáčku.
b) Kuřecí prsa osolte a opepřete, poté grilujte nebo opékejte na pánvi, dokud nebudou uvařená.
c) Těstoviny uvaříme podle návodu na obalu do al dente. Sceďte a dejte stranou.
d) Uvařené těstoviny promíchejte se zelenou omáčkou, dokud nebudou dobře pokryté.
e) Zelené nudle podávejte s grilovanými kuřecími prsíčky navrchu, ozdobené strouhaným parmazánem.

ZELENINOVÉ HLAVY A SALÁTY

28.Bramborový kastrol ve stylu Causa Limeña/Lima

SLOŽENÍ:
- 4 velké žluté brambory, uvařené a oloupané
- 2 polévkové lžíce. rostlinný olej
- 2 polévkové lžíce. limetkový džus
- 1 lžička žlutá papriková pasta ají (nebo nahradit pastou aji amarillo)
- Sůl, podle chuti
- 1 plechovka (5 oz) tuňáka v konzervě, okapaná
- 1 avokádo, nakrájené na plátky
- 4-6 listů salátu
- 2 natvrdo uvařená vejce, nakrájená na plátky
- 8 černých oliv
- Čerstvá petržel nebo koriandr, nasekané, na ozdobu

INSTRUKCE:
a) Ve velké míse rozmačkejte uvařené a oloupané žluté brambory, dokud nebudou hladké a bez hrudek.
b) Přidejte rostlinný olej, limetkovou šťávu, pastu ze žlutého ají pepře a sůl.
c) Dobře promíchejte, aby se všechny ingredience spojily a dochuťte podle chuti.
d) Obdélníkovou nebo čtvercovou misku vyložte plastovou fólií a ponechte dostatečný přesah, aby později zakryl vršek.
e) Polovinu bramborové směsi rovnoměrně rozprostřete do vyložené misky a přitlačte, aby vznikla kompaktní vrstva.
f) Na bramborovou vrstvu položte konzervovaného tuňáka a rovnoměrně jej rozprostřete na brambory.
g) Položte nakrájené avokádo na vrstvu tuňáka a zcela ji zakryjte.
h) Navrch přidejte zbývající bramborovou směs a uhlaďte ji, abyste vytvořili poslední vrstvu.
i) Přehněte plastovou fólii přes horní část, aby byla pokryta causa, a nechte ji v chladu alespoň 1 hodinu, aby ztuhla a zpevnila.
j) Po vychladnutí a zpevnění odstraňte causa z misky tak, že ji zvednete pomocí přečnívajícího plastového obalu. Opatrně odstraňte plastový obal a položte causa na servírovací talíř.
k) Naskládejte listy salátu na causa. Ozdobte nakrájenými natvrdo vařenými vejci, černými olivami a čerstvě nasekanou petrželkou nebo koriandrem.
l) Bramborový kastrol Causa Limeña/Lima-Style nakrájejte na jednotlivé porce a podávejte vychlazené.

29.Rocoto Relleno/Plněné Rocoto Peppers

SLOŽENÍ:
- 6 rokotových papriček (nahraďte červenou paprikou pro mírnější horko)
- 1 libra mletého hovězího nebo vepřového masa
- 1/2 šálku nakrájené cibule
- 3 stroužky česneku, nasekané
- 1/2 šálku nakrájených rajčat
- 1/4 šálku rozinek
- 1/4 šálku černých oliv, nakrájených na plátky
- 1/4 šálku nasekané čerstvé petrželky
- 1 lžička mletý kmín
- 1 lžička sušené oregáno
- Sůl, podle chuti
- Pepř, podle chuti
- 1 šálek strouhaného sýra (jako je mozzarella nebo čedar)
- Rostlinný olej, na smažení
- Na omáčku Huancaina (volitelné):
- 1 šálek odpařeného mléka
- 1 šálek rozdrobeného sýra queso fresco nebo feta
- 2 žluté papriky ají (nebo nahradit pastou ají amarillo)
- 4 slané krekry
- Sůl, podle chuti

INSTRUKCE:
a) Předehřejte troubu na 350 °F (175 °C).
b) Rokotovým papričkám odřízněte vršky a odstraňte semínka a blány.
c) Buďte opatrní, protože rokotové papričky mohou být pikantní. Pokud chcete, namočte papriky na 15 minut do osolené vody, aby se snížila teplota.
d) Na pánvi opečte mleté hovězí nebo vepřové maso na středním plameni, dokud nezhnědne.
e) Přidejte na kostičky nakrájenou cibuli a nasekaný česnek a restujte, dokud cibule nezprůsvitní.
f) Vmícháme nakrájená rajčata, rozinky, černé olivy, nasekanou petrželku, mletý kmín, sušené oregano, sůl a pepř.
g) Vařte ještě pár minut, aby se chutě spojily. Sundejte z plotny a dejte stranou.
h) Každou rokotovou papriku naplňte masovou směsí a jemně ji přitlačte, aby se naplnila celá paprika.
i) Každou naplněnou papriku posypeme strouhaným sýrem.
j) Zahřejte rostlinný olej v hluboké pánvi nebo pánvi na středně vysokou teplotu.
k) Naplněné rokoto papričky opatrně vložíme do rozpáleného oleje a opékáme, dokud papriky lehce nezměknou a sýr se rozpustí a bublají, asi 5-7 minut. Vyjmeme z oleje a necháme okapat na plechu vyloženém papírovou utěrkou.
l) Osmažené rokoto papričky přendáme do zapékací mísy a pečeme v předehřáté troubě asi 15 minut, nebo dokud papriky nejsou zcela propečené a měkké.
m) Zatímco se rokotové papričky pečou, připravte si omáčku Huancaina (volitelně). V mixéru smíchejte odpařené mléko, rozdrobený sýr queso fresco nebo feta, žluté papriky ají (nebo pastu aji amarillo), slané krekry a sůl.
n) Mixujte, dokud nebude hladká a krémová.
o) Rocoto Relleno/plněné rokotové papriky podávejte horké, podle potřeby pokapané omáčkou Huancaina.

30. Carapulcra/Sušený bramborový guláš

SLOŽENÍ:
- 1 lb (450 g) vepřového masa, nakrájeného na kousky velikosti sousta
- 2 šálky sušených brambor, namočených ve vodě, dokud nezměknou
- 1 cibule, nakrájená nadrobno
- 3 stroužky česneku, nasekané
- 2 polévkové lžíce. rostlinný olej
- 2 polévkové lžíce. aji panca pasta (pasta z peruánské červené papriky)
- 2 lžičky. mletý kmín
- 1 lžička sušené oregáno
- 1 lžička paprika
- 4 šálky kuřecího nebo zeleninového vývaru
- 1/2 šálku arašídů, pražených a mletých
- Sůl a pepř na dochucení
- Čerstvý koriandr, nasekaný (na ozdobu)

INSTRUKCE:
a) Ve velkém hrnci zahřejte na středním plameni rostlinný olej.
b) Přidejte vepřové maso a opékejte ze všech stran dohněda. Vyjměte vepřové maso z hrnce a dejte stranou.
c) Do stejného hrnce přidejte nakrájenou cibuli a prolisovaný česnek. Opékejte, dokud cibule není průsvitná a voňavá.
d) Do hrnce přidejte aji panca pastu, mletý kmín, sušené oregano a papriku. Dobře promíchejte, aby se cibule a česnek obalily s kořením.
e) Opečené vepřové vraťte do hrnce a promíchejte se směsí cibule a koření.
f) Namočené sušené brambory sceďte a přidejte do hrnce. Jemně promíchejte, aby se spojily s ostatními ingrediencemi.
g) Zalijte kuřecím nebo zeleninovým vývarem a ujistěte se, že jsou brambory a vepřové maso zakryté. Směs přiveďte k varu, poté snižte teplotu na minimum a vařte asi 1 hodinu, nebo dokud brambory nezměknou a chutě se nespojí.
h) Vmícháme mleté arašídy a dochutíme solí a pepřem podle chuti. Pokračujte v vaření dalších 10-15 minut.
i) Odstraňte z ohně a nechte Carapulcra/Sušené bramborové guláše před podáváním několik minut odpočinout.
j) Podávejte horké, ozdobené čerstvě nasekaným koriandrem.

31. Solterito/peruánský salát

SLOŽENÍ:
- 2 šálky vařených a chlazených obřích kukuřičných zrn (čokoláda)
- 1 šálek vařených a vychladlých fazolí lima
- 1 šálek uvařených a vychladlých fava fazolí
- 1 šálek uvařeného a vychladlého zeleného hrášku
- 1 šálek nakrájených zralých rajčat
- 1 šálek nakrájené červené cibule
- 1 šálek na kostičky nakrájené rokotové papriky
- 1 šálek queso fresco nakrájeného na kostičky (nebo nahradit sýrem feta)
- 1/4 šálku nasekaného čerstvého koriandru
- 1/4 šálku nasekané čerstvé petrželky
- Sůl a pepř na dochucení

OBVAZ
- 1/4 šálku červeného vinného octa
- 1/4 šálku extra panenského olivového oleje
- 1 stroužek česneku, nasekaný
- Šťáva z 1 limetky
- Sůl a pepř na dochucení

INSTRUKCE:
a) Ve velké míse smíchejte vařená obří kukuřičná zrna, fazole lima, fava fazole, zelený hrášek, nakrájená rajčata, červenou cibuli, rokotovou papriku, queso fresco, nasekaný koriandr a nasekanou petrželku.
b) Dobře promíchejte.
c) V samostatné malé misce smíchejte červený vinný ocet, extra panenský olivový olej, mletý česnek, limetkovou šťávu, sůl a pepř, abyste vytvořili dresink.
d) Suroviny na salát přelijte zálivkou a jemně promíchejte, dokud není vše dobře obalené.
e) Ochutnejte a v případě potřeby dochuťte solí a pepřem.
f) Salát Solterito/Peruvian Salade nechte marinovat v lednici alespoň 30 minut, aby se chutě propojily.
g) Před podáváním salát naposledy promíchejte a podle potřeby ozdobte nasekaným koriandrem nebo petrželkou.
h) Salát Solterito/peruánský salát podávejte vychlazený jako osvěžující přílohu nebo lehký hlavní chod.

32. Pikantní bramborová terina (Causa Rellena)

SLOŽENÍ:
NA BRAMBORY
- 2 libry Zlaté brambory Yukon
- ½ šálku olivového oleje
- 1/3 šálku limetkové šťávy (asi 3)
- 1 lžička aji amarillo prášek

PRO NÁPLNĚ, VÝBĚR:
- Tuňákový salát
- Kuřecí salát
- Krevetový salát
- Rajčata a avokádo
- Na polevy
- Nakrájené vejce natvrdo
- Nakrájené avokádo
- Rozpůlená cherry rajčata
- Černé olivy
- Byliny
- Paprika

INSTRUKCE:
a) Brambory vařte, dokud se snadno nepropíchnou nožem. Až vychladnou, oloupejte slupky a rozmačkejte na hladkou kaši nebo dejte přes rýžovač na brambory.
b) Chilliový prášek vmíchejte do limetkové šťávy, aby nebyly hrudky a přidejte k bramborám spolu s olivovým olejem. Podle chuti dosolte, pravděpodobně budete potřebovat alespoň jednu lžičku.
c) Vyložte dvě 9" pánve plastovým obalem a nechte další viset přes okraj pánví.
d) Bramborovou směs rozdělte mezi dvě připravené pánve a přitlačte, aby se zploštila a vyhladila. Okraje plastového obalu překryjte bramborovým koláčem a chlaďte, dokud nevychladne.

SESTAVIT
e) Vyjměte jeden bramborový koláč z formy pomocí plastového popruhu, otočte a položte na servírovací talíř. Potřete náplní dle vlastního výběru. Navrch dejte druhý bramborový koláč.
f) Nyní přichází ta zábavná část. Ozdobte svou causa rellena pomocí kterékoli z navrhovaných zálivek ze seznamu nebo použijte svou fantazii a použijte cokoliv, co máte po ruce. Podávejte vychlazené.

33.Ensalada de Pallares (peruánský fazolový salát z Limy)

SLOŽENÍ:
- 2 šálky vařených fazolí lima (pallares), scezených
- 1 červená cibule, nakrájená nadrobno
- 1 šálek čerstvých kukuřičných zrn (vařených)
- 1 šálek cherry rajčat, napůl
- 1/4 šálku čerstvého koriandru, nasekaného
- 1/4 šálku queso fresco (peruánský čerstvý sýr), rozdrobený
- Limetkový džus
- Olivový olej
- Sůl a pepř na dochucení

INSTRUKCE:
a) Ve velké salátové míse smíchejte vařené fazole lima, nakrájenou červenou cibuli, čerstvá kukuřičná zrna a cherry rajčata.
b) Pokapejte limetkovou šťávou a olivovým olejem. Dochuťte solí a pepřem.
c) Salát promícháme, aby se všechny ingredience spojily.
d) Ozdobte rozdrobenou freskou queso a čerstvým koriandrem.
e) Podáváme jako osvěžující salát.

34. Salát Aji de Gallina

SLOŽENÍ:
NA SALÁT:
- 2 šálky vařené a nakrájené kuře
- 4 vařené brambory, nakrájené na plátky
- 2 vařená vejce, nakrájená na plátky
- 1/2 šálku černých oliv
- 1/4 šálku pražených arašídů
- Listy salátu k podávání

PRO AJI DE GALLINA DRESING:
- 1 šálek aji amarillo omáčky
- 1/2 šálku odpařeného mléka
- 1/4 šálku strouhaného parmazánu
- 2 plátky bílého chleba, zbavené kůrky a namočené v mléce
- 2 stroužky česneku, mleté
- 2 lžíce rostlinného oleje
- Sůl a pepř na dochucení

INSTRUKCE:
a) V mixéru smíchejte omáčku aji amarillo, odpařené mléko, parmazán, namočený chléb, mletý česnek, sůl a pepř. Rozmixujte do hladka.
b) Na pánvi rozehřejte rostlinný olej a přidejte omáčku aji de gallina. Vařte několik minut, dokud nezhoustne.
c) Na servírovací talíře naaranžujte listy salátu.
d) Navrch dejte nakrájené kuřecí maso, nakrájené brambory a plátky vařených vajec.
e) Salát pokapejte omáčkou aji de gallina.
f) Ozdobte černými olivami a praženými arašídy.
g) Podávejte teplé.

35.Ensalada de Quinua (Quinoa salát)

SLOŽENÍ:
- 2 šálky vařené quinoa
- 1 šálek na kostičky nakrájené okurky
- 1 šálek nakrájené červené papriky
- 1 šálek kukuřičných zrn (vařených)
- 1/2 šálku nasekaného čerstvého koriandru
- 1/4 šálku červené cibule, jemně nakrájené
- 1/4 šálku sýra feta, rozdrobený
- Šťáva ze 2 limetek
- Olivový olej
- Sůl a pepř na dochucení

INSTRUKCE:
a) Ve velké salátové míse smíchejte uvařenou quinou, nakrájenou okurku, červenou papriku, kukuřičná zrna, čerstvý koriandr a červenou cibuli.
b) Pokapejte limetkovou šťávou a olivovým olejem. Dochuťte solí a pepřem.
c) Salát promícháme, aby se všechny ingredience spojily.
d) Ozdobte rozdrobeným sýrem feta.
e) Podáváme jako osvěžující quinoa salát.

36. Lima fazole v koriandrové omáčce

SLOŽENÍ:

- 2 šálky vařených fazolí lima (pallares), scezených
- 1 šálek čerstvých listů koriandru
- 2 stroužky česneku
- 1/2 šálku queso fresco (peruánský čerstvý sýr), rozdrobený
- 2 lžíce rostlinného oleje
- Sůl a pepř na dochucení

INSTRUKCE:

a) V mixéru smíchejte čerstvý koriandr, česnek, queso fresco, rostlinný olej, sůl a pepř. Míchejte, dokud nezískáte hladkou koriandrovou omáčku.
b) Uvařené fazole lima smíchejte s koriandrovou omáčkou.
c) Podáváme jako přílohu nebo lehký hlavní chod.

37.Solterito de Quinua (Quinoa Solterito salát)

SLOŽENÍ:

- 2 šálky vařené quinoa
- 1 šálek uvařených a vyloupaných fava fazolí (nebo fazolí lima)
- 1 šálek nakrájeného queso fresco (peruánský čerstvý sýr)
- 1 šálek nakrájených zralých rajčat
- 1/2 šálku nakrájené červené cibule
- 1/4 šálku nasekaného čerstvého koriandru
- 1/4 šálku černých oliv
- 1/4 šálku aji amarillo omáčky (peruánská žlutá chilli omáčka)
- Olivový olej
- Sůl a pepř na dochucení

INSTRUKCE:

a) Ve velké salátové míse smíchejte uvařenou quinou, fava fazole, queso fresco, nakrájená rajčata, nakrájenou červenou cibuli a nasekaný čerstvý koriandr.
b) Pokapejte olivovým olejem a omáčkou aji amarillo. Dochuťte solí a pepřem.
c) Salát promícháme, aby se všechny ingredience spojily.
d) Ozdobte černými olivami.
e) Podáváme jako osvěžující quinoa salát.

HOVĚZÍ, JEHNĚČÍ A VEPŘOVÉ

38. Pachamanca / Andské maso a zelenina

SLOŽENÍ:

- 1 libra hovězího masa, nakrájeného na kousky
- 1 libra vepřového masa, nakrájená na kousky
- 1 libra kuřete, nakrájená na kousky
- 1 libra brambor, oloupaných a rozpůlených
- 1 libra sladkých brambor, oloupaných a nakrájených na plátky
- 2 kukuřičné klasy, oloupané a rozpůlené
- 1 šálek fava fazolí nebo fazolí lima
- 1 šálek čerstvého nebo mraženého zeleného hrášku
- 1 šálek čerstvých nebo mražených fazolí
- 1 červená cibule, nakrájená na tenké plátky
- 4 stroužky česneku, nasekané
- 1 polévková lžíce. sušené oregáno
- 1 polévková lžíce. mletý kmín
- 1 polévková lžíce. aji panca pasta (nebo nahradit červenou chilli pastou)
- 1/4 šálku rostlinného oleje
- Sůl, podle chuti
- Čerstvý koriandr, nasekaný, na ozdobu

INSTRUKCE:

a) Předehřejte troubu na 350 °F (180 °C).

b) Ve velké misce smíchejte hovězí, vepřové, kuřecí maso, červenou cibuli, česnek, sušené oregano, mletý kmín, aji panca pastu, rostlinný olej a sůl.

c) Dobře promíchejte, aby bylo všechno maso potažené marinádou.

d) Necháme marinovat alespoň 30 minut, nejlépe přes noc v lednici.

e) Do velkého pekáčku nebo pekáče naaranžujte marinované maso, brambory, batáty, kukuřici, fava fazole, zelený hrášek a fazole.

f) Zapékací mísu pevně přikryjte hliníkovou fólií a ujistěte se, že je dobře utěsněná, aby se mohla zachytit pára.

g) Zapékací mísu vložíme do předehřáté trouby a pečeme asi 2 až 3 hodiny, nebo dokud není maso měkké a brambory a batáty propečené.

h) Opatrně odstraňte fólii a zkontrolujte propečenost surovin.

i) V případě potřeby pokračujte v pečení odkryté ještě několik minut, dokud není vše plně uvařené a pěkně zhnědlé.

j) Po upečení vyjměte pachamancu z trouby a nechte pár minut odpočinout.

k) Pachamancu podávejte na velkém talíři, ozdobenou čerstvým nasekaným koriandrem.

39.Carne a la Tacneña/hovězí maso ve stylu Tacna

SLOŽENÍ:
- 1,5 libry hovězího masa, nakrájeného na kousky velikosti sousta
- 1 cibule, nakrájená nadrobno
- 2 stroužky česneku, nasekané
- 1 červená paprika, nakrájená na tenké plátky
- 1 žlutá paprika, nakrájená na tenké plátky
- 1 rajče, nakrájené na kostičky
- 2 polévkové lžíce. rostlinného oleje
- 1 polévková lžíce. pasty ají panca (peruánská červená chilli pasta) nebo nahradit rajčatovou pastou
- 1 lžička mletého kmínu
- 1 lžička ze sušeného oregana
- 1 šálek hovězího vývaru
- 1 šálek suchého bílého vína
- Sůl a pepř na dochucení
- Čerstvý koriandr na ozdobu
- Vařená bílá rýže k podávání

INSTRUKCE:
a) Ve velkém hrnci nebo holandské troubě zahřejte rostlinný olej na střední teplotu.
b) Do hrnce přidejte nakrájenou cibuli a nasekaný česnek a restujte, dokud cibule nezprůsvitní a česnek nezavoní.
c) Do hrnce přidejte hovězí maso a vařte, dokud nezezlátne ze všech stran.
d) Vmíchejte pastu ají panca (nebo rajčatový protlak), mletý kmín a sušené oregano.
e) Vařte minutu, aby se opeklo koření.
f) Do hrnce přidejte nakrájenou červenou a žlutou papriku a nakrájená rajčata. Dobře promíchejte, aby se spojily.
g) Zalijeme hovězím vývarem a bílým vínem.
h) Dochuťte solí a pepřem podle chuti.
i) Směs přiveďte k varu, poté stáhněte plamen na minimum a nechte vařit asi 1,5 až 2 hodiny, nebo dokud hovězí maso nezměkne a chutě se nespojí. Občas promíchejte a v případě potřeby přidejte další vývar nebo vodu, aby byla zachována požadovaná konzistence.
j) Jakmile je hovězí maso měkké, sundejte hrnec z plotny.
k) Carne a la Tacneña/Tacna-Style Hovězí maso podávejte horké s vařenou bílou rýží.
l) Každou porci ozdobte čerstvým koriandrem.

40.Seco de Cordero/Jehněčí guláš

SLOŽENÍ:

- 2 libry jehněčího dušeného masa, nakrájeného na kousky
- 2 polévkové lžíce. rostlinný olej
- 1 cibule, nakrájená nadrobno
- 3 stroužky česneku, nasekané
- 2 polévkové lžíce. ano amarillo pasta
- 1 lžička mletý kmín
- 1 lžička sušené oregáno
- 1 šálek tmavého piva (například černého piva nebo piva)
- 2 hrnky hovězího nebo zeleninového vývaru
- 2 šálky nakrájených rajčat (čerstvých nebo konzervovaných)
- 1/2 šálku nasekaného koriandru
- 2 šálky mraženého nebo čerstvého zeleného hrášku
- 4 střední brambory, oloupané a nakrájené na čtvrtky
- Sůl, podle chuti
- Pepř, podle chuti

INSTRUKCE:
a) Zahřejte rostlinný olej ve velkém hrnci nebo holandské troubě na střední teplotu.
b) Přidejte dušené jehněčí maso a opečte ze všech stran dohněda. Maso vyjmeme z hrnce a dáme stranou.
c) Do stejného hrnce přidejte nakrájenou cibuli a prolisovaný česnek. Opékejte, dokud cibule nezprůhlední.
d) Vmíchejte pastu ají amarillo, mletý kmín a sušené oregano.
e) Vařte ještě minutu, aby se chutě spojily.
f) Dušené jehněčí maso vrátíme do hrnce a zalijeme tmavým pivem. Směs přiveďte k varu a několik minut povařte, aby se odpařil alkohol.
g) Do hrnce přidejte hovězí nebo zeleninový vývar a nakrájená rajčata. Směs přiveďte k varu, poté snižte teplotu na minimum, přikryjte hrnec a vařte asi 1 hodinu, nebo dokud jehněčí nezměkne.
h) Vmíchejte nakrájený koriandr, zelený hrášek a na čtvrtky nakrájené brambory. Pokračujte v vaření dalších 15–20 minut, nebo dokud nejsou brambory uvařené a chutě se nespojí.
i) Dochuťte solí a pepřem podle chuti. Podle potřeby upravte koření a hustotu omáčky přidáním dalšího vývaru.
j) Seco de Cordero/Jehněčí guláš podávejte horké, doplněné dušenou rýží a stranou s plátky avokáda.

41.Lomo Saltado / Smažené hovězí maso

SLOŽENÍ:
- 1 libra hovězí svíčkové nakrájená na tenké proužky
- 2 polévkové lžíce. rostlinný olej
- 1 červená cibule, nakrájená
- 2 rajčata, nakrájená na měsíčky
- 1 žlutá paprika, nakrájená na plátky
- 1 zelená paprika, nakrájená na plátky
- 3 stroužky česneku, nasekané
- 2 polévkové lžíce. sójová omáčka
- 2 polévkové lžíce. ocet z červeného vína
- 1 lžička kmínový prášek
- Sůl, podle chuti
- Čerstvě mletý černý pepř, podle chuti
- 1/4 šálku nasekaného čerstvého koriandru
- Hranolky, vařené, k podávání
- Dušená bílá rýže, k podávání

INSTRUKCE:
a) Ve velké pánvi nebo woku rozehřejte rostlinný olej na vysokou teplotu.
b) Do rozpáleného oleje přidejte nudličky hovězího masa a opékejte ze všech stran dohněda.
c) Vyjměte hovězí maso z pánve a dejte stranou.
d) Do stejné pánve přidejte nakrájenou červenou cibuli a opékejte do mírného změknutí.
e) Na pánev přidejte rajčata, papriku a prolisovaný česnek. Za stálého míchání smažte několik minut, dokud zelenina nezměkne.
f) Uvařené hovězí vraťte na pánev a dobře promíchejte se zeleninou.
g) V malé misce prošlehejte sójovou omáčku, červený vinný ocet, kmín, sůl a černý pepř. Touto omáčkou nalijte hovězí maso a zeleninu na pánvi. Míchejte, aby se vše rovnoměrně obalilo.
h) Vařte další 2-3 minuty, aby se chutě spojily.
i) Odstraňte pánev z ohně a posypte čerstvým koriandrem Lomo Saltado.
j) Lomo Saltado podávejte horké spolu s vařenými hranolky a dušenou bílou rýží.

42. Tacacho con Cecina / Smažený banán a sušené maso

SLOŽENÍ:
- 4 zelené banány
- 14 oz. z ceciny (solené a uzené vepřové karé)
- Rostlinný olej na smažení
- Sůl podle chuti

INSTRUKCE:
a) Začněte tím, že zelené banány uvaříte ve velkém hrnci s vodou, dokud nebudou měkké a měkké. To obvykle trvá asi 20-30 minut.
b) Zatímco se banány vaří, nakrájejte čečinu na tenké proužky nebo malé kousky.
c) Zahřejte pánev na střední teplotu a přidejte malé množství rostlinného oleje.
d) Smažte čečinu na pánvi, dokud nebude křupavá a hnědá z obou stran. To obvykle trvá asi 5-7 minut. Dát stranou.
e) Jakmile jsou banány uvařené, vyjměte je z vody a oloupejte slupku. Měly by být měkké a snadno se s nimi manipulovalo.
f) Oloupané banány dejte do velké mísy a rozmačkejte je šťouchadlem na brambory nebo vidličkou, dokud nebudou hladké a bez hrudek.
g) Rozmačkané banány osolíme podle chuti a dobře promícháme.
h) Rozmačkané banány rozdělte na stejné části a tvarujte z nich kulaté kuličky nebo placičky.
i) Zahřejte pánev nebo gril na střední teplotu a přidejte dostatek rostlinného oleje, aby pokryl dno.
j) Na rozpálenou pánev položte jitrocelové kuličky nebo placičky a stěrkou je lehce zploštěte. Smažte je, dokud nebudou zlatavě hnědé a křupavé z obou stran. Obvykle to trvá asi 5 minut na každou stranu.
k) Vyjměte smažené tacachos z pánve a nechte je okapat na papírových utěrkách, abyste odstranili přebytečný olej.
l) Tacachos podávejte s křupavou cecinou navrchu. Můžete také podávat s přílohou salsa criolla (tradiční peruánská salsa z cibule a limetky) nebo aji (pikantní peruánská omáčka).

43. Adobo/marinovaný vepřový guláš

SLOŽENÍ:

- 2 libry vepřové plec nebo kuřecí kousky
- 4 stroužky česneku, nasekané
- 2 polévkové lžíce. rostlinný olej
- 1/4 šálku bílého octa
- 2 polévkové lžíce. sójová omáčka
- 2 polévkové lžíce. aji panca pasta (pasta z peruánské červené papriky)
- 1 lžička mletý kmín
- 1 lžička sušené oregáno
- 1/2 lžičky mletý černý pepř
- 1/2 lžičky sůl, nebo podle chuti

INSTRUKCE:

a) V misce smíchejte nasekaný česnek, rostlinný olej, bílý ocet, sójovou omáčku, pastu aji panca, kmín, sušené oregano, černý pepř a sůl.

b) Dobře promíchejte, aby vznikla marináda.

c) Vložte vepřovou plec nebo kuřecí kousky do mělké misky nebo sáčku Ziploc. Maso přelijte marinádou a ujistěte se, že je dobře obalené.

d) Mísu zakryjte nebo utěsněte sáček a dejte do lednice alespoň na 2 hodiny, nejlépe přes noc, aby chutě pronikly do masa.

e) Předehřejte gril nebo troubu na středně vysokou teplotu.

f) Používáte-li gril, vyjměte maso z marinády a grilujte na středně vysoké teplotě, dokud nebude propečené a zvenku pěkně zuhelnatělé.

g) Pokud používáte troubu, položte marinované maso na plech a pečte při 200 °C asi 25–30 minut, nebo dokud není maso propečené a zhnědlé.

h) Jakmile je maso uvařené, stáhněte jej z ohně a před krájením nebo podáváním ho nechte několik minut odpočinout.

44. Causa de Pollo (peruánský kuřecí a bramborový kastrol)

SLOŽENÍ:
PRO KAUSU:
- 4 velké žluté brambory
- 1/4 šálku limetkové šťávy
- 2 lžíce rostlinného oleje
- 1 lžička aji amarillo pasty (peruánská žlutá chilli pasta)
- 1 šálek vařeného kuřete, nakrájeného na kousky
- 1 avokádo, nakrájené na plátky
- 2 natvrdo uvařená vejce, nakrájená na plátky
- Sůl a pepř na dochucení

NA OMÁČKU AJI AMARILLO:
- 2 papričky aji amarillo, zbavené semínek a vydlabané
- 2 lžíce rostlinného oleje
- 1/4 šálku queso fresco (peruánský čerstvý sýr)
- 1/4 šálku odpařeného mléka
- Sůl a pepř na dochucení

INSTRUKCE:
Pro Causu:
a) Brambory vařte, dokud nejsou měkké a dají se snadno rozmačkat.
b) Ještě teplé brambory oloupeme a rozšťoucháme.
c) Přidejte limetkovou šťávu, rostlinný olej, pastu aji amarillo, sůl a pepř. Dobře promíchejte, aby vzniklo hladké bramborové těsto.
d) Bramborové těsto rozdělte na malé porce.
e) Část těsta vyrovnejte a přidejte vrstvu nakrájeného kuřecího masa.
f) Navrch dáme další vrstvu bramborového těsta.
g) Ozdobte plátky avokáda a plátky natvrdo uvařeného vejce.
h) Podávejte vychlazené.

Na omáčku Aji Amarillo:
i) V mixéru smíchejte papriky aji amarillo, rostlinný olej, queso fresco, odpařené mléko, sůl a pepř. Míchejte, dokud nezískáte krémovou omáčku.
j) Podávejte Causa de Pollo s kapkou omáčky Aji Amarillo.

45. Cordero a la Nortena (beránek severního stylu)

SLOŽENÍ:
- 2 libry jehněčí plec nebo stehno, nakrájené na kousky
- 1/4 šálku rostlinného oleje
- 1 červená cibule, nakrájená nadrobno
- 2 stroužky česneku, mleté
- 2 lžíce aji amarillo pasty (peruánská žlutá chilli pasta)
- 1 šálek chicha de jora (peruánské fermentované kukuřičné pivo)
- 2 šálky mraženého nebo čerstvého hrášku
- 2 šálky bílé rýže
- 2 šálky vody
- Sůl a pepř na dochucení

INSTRUKCE:
a) Ve velkém hrnci rozehřejte rostlinný olej a opékejte kousky jehněčího masa.
b) Přidejte najemno nakrájenou cibuli, nasekaný česnek a pastu aji amarillo. Vaříme, dokud cibule nezměkne.
c) Vsypeme chicha de jora a dusíme, dokud jehněčí nezměkne a omáčka nezhoustne.
d) V samostatném hrnci uvařte bílou rýži s vodou, solí a pepřem.
e) Jehněčí podávejte s uvařenou rýží, ozdobené hráškem.

46.Anticuchos / Grilované hovězí srdce Špejle

SLOŽENÍ:
- 1,5 libry hovězího srdce nebo svíčkové, nakrájené na kousky velikosti sousta
- 1/4 šálku červeného vinného octa
- 3 polévkové lžíce. rostlinný olej
- 2 stroužky česneku, mleté
- 1 polévková lžíce. mletý kmín
- 1 polévková lžíce. paprika
- 1 lžička sušené oregáno
- 1 lžička chilli prášek
- Sůl, podle chuti
- Čerstvě mletý černý pepř, podle chuti
- Dřevěné špejle, namočené ve vodě alespoň 30 minut
- Salsa de Aji (peruánská chilli omáčka), k podávání

INSTRUKCE:
a) Ve velké misce smíchejte červený vinný ocet, rostlinný olej, mletý česnek, mletý kmín, papriku, sušené oregano, chilli prášek, sůl a černý pepř.
b) Dobře promíchejte, aby vznikla marináda.
c) Do marinády přidejte hovězí srdce nebo kousky svíčkové a promíchejte, aby se maso důkladně obalilo.
d) Mísu zakryjte a nechte marinovat v lednici alespoň 2 hodiny, nebo nejlépe přes noc, aby se chutě rozvinuly.
e) Předehřejte gril nebo brojler na středně vysokou teplotu.
f) Marinované kousky hovězího masa navlékněte na namočené dřevěné špejle a mezi každým kouskem nechte malý prostor.
g) Anticuchos grilujte nebo opékejte asi 3–4 minuty z každé strany, nebo dokud není maso opečené na požadovanou úroveň propečení.
h) Pro rovnoměrné propečení špejlí občas otočte.
i) Uvařené anticucho vyjměte z grilu nebo brojleru a před podáváním je nechte několik minut odpočinout.
j) Anticuchos podávejte horké spolu se Salsou de Aji, tradiční peruánskou chilli omáčkou, k namáčení.

DRŮBEŽ

47. Estofado de Pollo/kuřecí guláš

SLOŽENÍ:
- 2 libry kuřecích kousků (stehna, stehna nebo celé kuře nakrájené na kousky)
- 2 polévkové lžíce. rostlinný olej
- 1 cibule, nakrájená nadrobno
- 2 stroužky česneku, nasekané
- 1 červená paprika, nakrájená na plátky
- 1 žlutá paprika, nakrájená na plátky
- 2 rajčata, nakrájená na kostičky
- 2 polévkové lžíce. rajčatová pasta
- 1 hrnek kuřecího vývaru
- 1 šálek mraženého zeleného hrášku
- 1 lžička mletý kmín
- 1 lžička paprika
- 1 lžička sušené oregáno
- Sůl a pepř na dochucení
- Čerstvý koriandr nebo petržel, nasekaná (na ozdobu)

INSTRUKCE:
a) Kuřecí kousky osolte a opepřete.
b) Ve velkém hrnci nebo holandské troubě zahřejte rostlinný olej na střední teplotu.
c) Přidejte kuřecí kousky a opečte je ze všech stran. Vyjměte kuře z hrnce a dejte ho stranou.
d) Do stejného hrnce přidejte nakrájenou cibuli, prolisovaný česnek a nakrájenou papriku. Restujeme, dokud zelenina nezměkne.
e) Přidejte nakrájená rajčata a rajčatový protlak do hrnce a několik minut vařte, dokud se rajčata nerozpadnou a nepustí šťávu.
f) Kuřecí kousky vraťte do hrnce spolu s případnou nahromaděnou šťávou. Míchejte, aby se kuře obalilo směsí zeleniny a rajčat.
g) Zalijte kuřecím vývarem a přidejte mletý kmín, papriku, sušené oregano, sůl a pepř. Míchejte, aby se spojily.
h) Přiveďte guláš k varu, poté stáhněte plamen na minimum a hrnec přikryjte. Necháme vařit asi 30–40 minut, nebo dokud není kuře propečené a měkké.
i) Do hrnce přidejte mražený zelený hrášek a vařte dalších 5 minut.
j) Ochutnejte a podle potřeby dochuťte.
k) Odstraňte hrnec z ohně a nechte ho několik minut odležet.
l) Estofado de Pollo/kuřecí guláš podávejte horké, ozdobené čerstvým koriandrem nebo petrželkou.
m) Dušené maso doplňte rýží nebo bramborami a vychutnejte si chutný a uklidňující Estofado de Pollo/kuřecí guláš.

48.Arroz con Pato/kachní rýže

SLOŽENÍ:
- 1 celá kachna, nakrájená na porce
- 2 šálky dlouhozrnné rýže
- 4 šálky kuřecího vývaru
- 1 šálek piva (nejlépe světlého ležáku)
- 1 svazek čerstvého koriandru, stonky odstraněné
- 1 cibule, nakrájená
- 4 stroužky česneku, nasekané
- 2 polévkové lžíce. rostlinného oleje
- 1 lžička mletého kmínu
- 1 lžička z papriky
- 1 polévková lžíce. pasty aji amarillo (peruánská žlutá chilli pasta) (volitelné)
- Sůl a pepř na dochucení
- Nakrájenou červenou cibuli a kolečka limetky na ozdobu

INSTRUKCE:
a) Ve velkém hrnci zahřejte na středním plameni rostlinný olej.
b) Přidejte nakrájenou cibuli a nasekaný česnek a restujte, dokud cibule nezprůsvitní.
c) Přidejte kousky kachny do hrnce a opečte, dokud nezezlátnou ze všech stran.
d) Přidejte mletý kmín, papriku a pastu aji amarillo (pokud používáte) a promíchejte, aby se kachna obalila kořením.
e) Zalijte pivem a pár minut povařte, aby se odpařil alkohol.
f) Do hrnce přidejte kuřecí vývar a přiveďte jej k varu. Snižte plamen na minimum, hrnec přikryjte a nechte kachnu dusit asi 1 až 1,5 hodiny nebo dokud nezměkne. Odstraňte přebytečný tuk nebo nečistoty, které během vaření vystoupí na povrch.
g) Zatímco se kachna vaří, rozmixujte koriandr s trochou vody v mixéru nebo kuchyňském robotu, dokud nevznikne hladké pyré.
h) Jakmile je kachna měkká, vyjměte ji z hrnce a dejte stranou. Zarezervujte si tekutinu na vaření.
i) V samostatném hrnci zahřejte 2 polévkové lžíce. rostlinného oleje na středním plameni.
j) Přidejte rýži a míchejte, aby se obalila olejem.
k) Nalijte odloženou tekutinu na vaření z kachny spolu s dostatečným množstvím vody, abyste vytvořili celkem 4 šálky tekutiny (upravte podle potřeby).
l) Dochuťte solí a pepřem podle chuti.
m) Vmícháme koriandrové pyré a tekutinu přivedeme k varu. Snižte teplotu na minimum, hrnec přikryjte a nechte rýži vařit asi 20–25 minut, nebo dokud není uvařená a tekutina se nevstřebá.
n) Zatímco se rýže vaří, nakrájejte uvařené kachní maso dvěma vidličkami nebo rukama, kosti a přebytečný tuk odstraňte.
o) Jakmile je rýže uvařená, načechrejte ji vidličkou a jemně vmíchejte nakrájené kachní maso.
p) V případě potřeby upravte koření a nechte chutě několik minut propojit.
q) Arroz con Pato/Kachní rýži podávejte horké, ozdobené nakrájenou červenou cibulí a měsíčky limetky na boku.

49. Kuře Pollo a la Brasa/Rotisserie

SLOŽENÍ:
- 1 celé kuře, přibližně 3-4 libry
- 4 stroužky česneku, nasekané
- 2 polévkové lžíce. rostlinný olej
- 2 polévkové lžíce. sójová omáčka
- 2 polévkové lžíce. bílý ocet
- 1 polévková lžíce. paprika
- 1 polévková lžíce. kmín
- 1 polévková lžíce. sušené oregáno
- 1 lžička Černý pepř
- 1 lžička sůl
- Šťáva z 1 limetky
- Gril na dřevěné uhlí nebo plynový gril

INSTRUKCE:
a) V misce smíchejte nasekaný česnek, rostlinný olej, sójovou omáčku, bílý ocet, papriku, kmín, sušené oregano, černý pepř, sůl a limetkovou šťávu.
b) Dobře promíchejte, aby vznikla marináda.
c) Celé kuře vložte do velkého sáčku na zip nebo do nádoby s víkem. Kuřecí maso nalijte marinádou a ujistěte se, že je dobře potažené.
d) Uzavřete sáček nebo přikryjte nádobu a dejte do lednice alespoň na 4 hodiny, nebo nejlépe přes noc, aby se chutě do kuřete dostaly.
e) Předehřejte gril na středně vysokou teplotu. Používáte-li dřevěné uhlí, počkejte, až budou uhlíky bílé a žhnoucí.
f) Marinované kuře vyjměte z lednice a před grilováním jej nechte asi 30 minut uležet při pokojové teplotě.
g) Kuře položte na gril prsy dolů.
h) Vařte asi 20–25 minut, poté kuře otočte a vařte dalších 20–25 minut. Pokračujte v grilování za občasného obracení, dokud kuře nedosáhne vnitřní teploty 75 °C a kůže nebude zlatavě hnědá a křupavá.
i) Jakmile je kuře upečené, vyjměte kuře z grilu a před vykrajováním ho nechte několik minut odpočinout.
j) Kuře Pollo a la Brasa/Rotisserie nakrájejte na porce, jako jsou stehna, křídla a prsa.
k) Kuře Pollo a la Brasa/Rotisserie podávejte horké s přílohou dle vlastního výběru, jako jsou hranolky, salát nebo rýže.

50. Aji de Gallina / Kuře v Aji Pepper omáčce

SLOŽENÍ:
- 2 libry vykostěných kuřecích prsou nebo stehen
- 4 šálky kuřecího vývaru
- 2 polévkové lžíce. rostlinný olej
- 1 střední cibule, nakrájená
- 3 stroužky česneku, nasekané
- 2 žluté papriky ají (nebo nahraďte papričkami jalapeño), zbavené semínek a nakrájené nadrobno
- 2 lžičky. mletý kmín
- 1 lžička kurkumový prášek
- 1 šálek odpařeného mléka
- 1 hrnek strouhaného parmazánu
- 1 hrnek nasekaných vlašských ořechů
- 1/2 šálku černých oliv, nakrájených na plátky
- Sůl, podle chuti
- Čerstvě mletý černý pepř, podle chuti
- Vařená bílá rýže, k podávání
- Vejce uvařená natvrdo, nakrájená na plátky, na ozdobu
- Čerstvá petržel nebo koriandr, nasekané, na ozdobu

INSTRUKCE:

a) Ve velkém hrnci přiveďte k varu kuřecí prsa nebo stehna a kuřecí vývar.
b) Snižte teplotu na minimum, přikryjte a vařte asi 20 minut, nebo dokud není kuře zcela upečené.
c) Vyjměte kuře z hrnce a ponechte si vývar.
d) Nechte kuře mírně vychladnout a poté ho nakrájejte na kousky o velikosti sousta. Dát stranou.
e) Ve velké pánvi rozehřejte rostlinný olej na středním plameni.
f) Přidejte nakrájenou cibuli a nasekaný česnek a restujte, dokud cibule nezprůsvitní a nezavoní.
g) Do pánve přidejte nakrájené papriky ají, mletý kmín a prášek z kurkumy.
h) Vařte několik minut za občasného míchání, aby se chutě spojily.
i) Zalijte odloženým kuřecím vývarem, odpařeným mlékem, strouhaným parmazánem a nasekanými vlašskými ořechy.
j) Dobře promíchejte, aby se všechny ingredience spojily.
k) Směs přiveďte k varu a vařte asi 10 minut, nebo dokud omáčka mírně nezhoustne.
l) Na pánev přidejte nakrájené kuřecí maso a nakrájené černé olivy.
m) Míchejte, aby se kuře rovnoměrně obalilo omáčkou.
n) Vařte dalších 5 minut, aby se chutě propojily.
o) Dochuťte solí a čerstvě mletým černým pepřem podle chuti.
p) Podávejte Aji de Gallina horké s vařenou bílou rýží. Ozdobte nakrájenými natvrdo vařenými vejci a čerstvě nasekanou petrželkou nebo koriandrem.

51. Causa de Pollo/Kuřecí Causa

SLOŽENÍ:
BRAMBOROVÉ VRSTVY
- 2 libry žlutých brambor, oloupaných a uvařených do měkka
- 1/4 šálku rostlinného oleje
- 2-3 lžíce. limetkové šťávy
- 1-2 lžičky. žluté chilli pasty (aji amarillo pasta)
- Sůl podle chuti

NÁPLŇ KUŘECÍHO SALÁTU
- 2 šálky vařených kuřecích prsou, nakrájených na kousky
- 1/2 šálku majonézy
- 1 polévková lžíce. limetkové šťávy
- 1 polévková lžíce. žluté chilli pasty (aji amarillo pasta)
- 1/2 šálku jemně nakrájené červené cibule
- 1/4 šálku jemně nasekaného koriandru
- Sůl a pepř na dochucení

MONTÁŽ A garniža
- Plátky avokáda
- Vejce uvařená natvrdo, nakrájená na plátky
- Černé olivy
- Listy salátu
- Dodatečná žlutá chilli pasta na ozdobu

INSTRUKCE:
a) Ve velké misce rozmačkejte vařené žluté brambory pomocí šťouchače na brambory nebo vidličky, dokud nebudou hladké a bez hrudek.
b) Do bramborové kaše přidejte rostlinný olej, limetkovou šťávu, žlutou chilli pastu a sůl.
c) Dobře promíchejte, dokud se všechny ingredience nespojí a brambory nebudou mít hladkou krémovou konzistenci. Ochutnejte a podle potřeby dochuťte.
d) V jiné misce smíchejte nakrájená kuřecí prsa, majonézu, limetkovou šťávu, žlutou chilli pastu, červenou cibuli, koriandr, sůl a pepř.
e) Dobře promíchejte, aby se kuře rovnoměrně obalilo dresinkem.
f) Obdélníkovou nebo čtvercovou misku vyložte plastovým obalem, po stranách ponechte dostatečný přesah pro snadné vyjmutí.
g) Na dno misky rovnoměrně rozprostřete vrstvu bramborové kaše o tloušťce asi 1/2 palce.
h) Na vrstvu brambor přidejte vrstvu směsi kuřecího salátu a rovnoměrně ji rozprostřete.
i) Postup opakujte, střídejte vrstvy bramborové kaše a kuřecího salátu, dokud nespotřebujete všechny ingredience, a zakončete vrstvou bramborové kaše nahoře.
j) Zakryjte misku přečnívající plastovou fólií a dejte do chladničky alespoň na 2 hodiny, aby se chutě spojily a causa ztuhla.
k) Po vychladnutí a ztuhnutí odstraňte plastový obal a opatrně obraťte causa na servírovací talíř.
l) Vršek causy ozdobte plátky avokáda, plátky natvrdo uvařených vajec, černými olivami a listy salátu.
m) Navrch ozdobně pokapejte žlutou chilli pastou pro přidání barvy a chuti.
n) Causu nakrájejte na jednotlivé porce a podávejte vychlazené.

52.Arroz Chaufa/peruánská smažená rýže

SLOŽENÍ:
- 3 šálky vařené bílé rýže, nejlépe jednodenní a vychlazené
- 1 šálek vařeného kuřecího nebo vepřového masa, nakrájeného na kostičky
- 1 šálek vařených krevet, oloupaných a vydlabaných
- 1/2 šálku mraženého hrášku a mrkve, rozmražené
- 1/2 šálku nakrájené cibule
- 2 stroužky česneku, mleté
- 2 polévkové lžíce. sójová omáčka
- 1 polévková lžíce. ústřicová omáčka
- 1 polévková lžíce. sezamový olej
- 2 polévkové lžíce. rostlinný olej
- 2 vejce, lehce rozšlehaná
- Sůl a pepř na dochucení
- Nakrájená zelená cibulka, na ozdobu

INSTRUKCE:

a) Zahřejte rostlinný olej ve velké pánvi nebo woku na středně vysokou teplotu.

b) Do pánve přidejte na kostičky nakrájenou cibuli a nasekaný česnek a za stálého míchání pár minut opékejte, dokud nebudou voňavé a lehce změknou.

c) Na jednu stranu pánve protlačte cibuli a česnek a na druhou stranu nalijte rozšlehaná vejce. Vejce šlehejte, dokud nejsou uvařená, a poté je smíchejte s cibulí a česnekem.

d) Do pánve přidejte nakrájené kuřecí nebo vepřové maso, vařené krevety, rozmražený hrášek a mrkev. Za stálého míchání smažte několik minut, dokud se ingredience nezahřejí.

e) Přidejte vychlazenou vařenou rýži do pánve a pomocí stěrky rozbijte případné hrudky. Za stálého míchání orestujte rýži s ostatními ingrediencemi a rovnoměrně je rozprostřete po celé rýži.

f) Rýži pokapejte sójovou omáčkou, ústřicovou omáčkou a sezamovým olejem. Dobře promíchejte, aby se rýže propojila a rovnoměrně obalila omáčkami.

g) Dochuťte Arroz Chaufa/peruánskou smaženou rýži solí a pepřem podle chuti. Upravte množství koření a omáčky podle svých preferencí.

h) Pokračujte v opékání rýže ještě několik minut, dokud se dobře nezahřeje a chutě se nespojí.

i) Odstraňte Arroz Chaufa/peruánskou smaženou rýži z ohně a ozdobte nakrájenou zelenou cibulkou.

j) Arroz Chaufa/peruánskou smaženou rýži podávejte horkou jako hlavní jídlo nebo jako přílohu s dodatečnou sójovou omáčkou nebo chilli omáčkou podle potřeby.

53. Arroz con Pollo (peruánské kuře a rýže)

SLOŽENÍ:
- 2 šálky dlouhozrnné rýže
- 4 čtvrtky kuřecího stehna, s kůží a kostí
- 2 lžíce rostlinného oleje
- 1/2 šálku nakrájené červené papriky
- 1/2 šálku nakrájené zelené papriky
- 1/2 šálku nakrájené červené cibule
- 2 stroužky česneku, mleté
- 2 lžíce aji amarillo pasty (peruánská žlutá chilli pasta)
- 2 hrnky kuřecího vývaru
- 1/2 šálku mraženého hrášku
- 1/2 šálku nakrájené mrkve
- 1/2 šálku nakrájených zelených fazolí
- 1/4 šálku čerstvého koriandru, nasekaného
- Sůl a pepř na dochucení

INSTRUKCE:
a) Ve velkém hrnci rozehřejte rostlinný olej a čtvrtky kuřecího stehna opečte ze všech stran. Vyjměte a dejte stranou.
b) Ve stejném hrnci orestujte na kostičky nakrájenou červenou a zelenou papriku, nakrájenou červenou cibuli a nasekaný česnek, dokud nezměknou.
c) Vmíchejte pastu aji amarillo a několik minut vařte.
d) Vraťte kuře do hrnce, přidejte rýži a zalijte kuřecím vývarem. Dochuťte solí a pepřem.
e) Přidejte mražený hrášek, nakrájenou mrkev a nakrájené zelené fazolky. Dobře promíchejte.
f) Přikryjeme a dusíme, dokud není kuře uvařené a rýže měkká.
g) Před podáváním ozdobte čerstvým koriandrem.

54. Papa a la Huancaína con Pollo

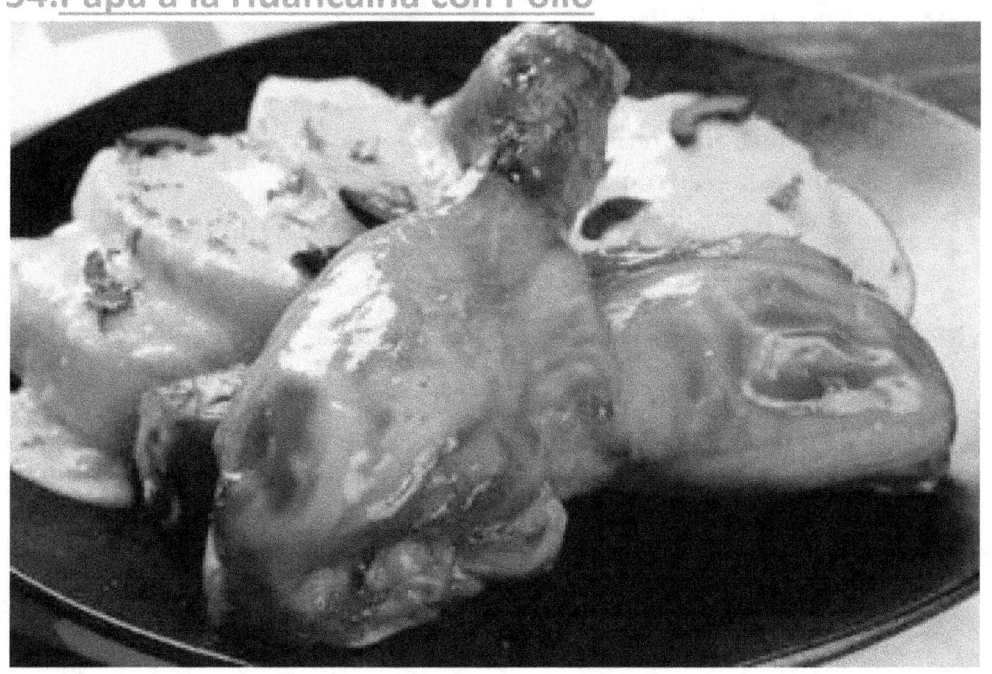

SLOŽENÍ:
NA OMÁČKU HUANCAÍNA:
- 2 papričky aji amarillo, zbavené semínek a vydlabané
- 2 stroužky česneku, mleté
- 1 šálek queso fresco (peruánský čerstvý sýr)
- 1/2 šálku odpařeného mléka
- 4 sušenky na sodu
- 2 lžíce rostlinného oleje
- Sůl a pepř na dochucení

PRO KUŘE:
- 4 kuřecí prsa bez kostí a kůže
- 1/4 šálku rostlinného oleje
- Sůl a pepř na dochucení

NA BRAMBORY:
- 4 velké žluté brambory, uvařené a nakrájené na plátky
- Listy salátu k podávání
- Černé olivy na ozdobu
- Vejce uvařená natvrdo, nakrájená na plátky

INSTRUKCE:
a) V mixéru smíchejte papriky aji amarillo, mletý česnek, queso fresco, odpařené mléko, sodové sušenky, rostlinný olej, sůl a pepř. Mixujte, dokud nezískáte krémovou omáčku Huancaína.
b) Kuřecí prsa osolte a opepřete, poté grilujte nebo opékejte na pánvi, dokud nebudou uvařená.
c) Kuře podávejte na listech hlávkového salátu, navrch dejte plátky vařených brambor a kuře a brambory pokapejte omáčkou Huancaína.
d) Ozdobte plátky natvrdo uvařených vajec a černými olivami.

55.Aguadito de Pollo (peruánská kuřecí a rýžová polévka)

SLOŽENÍ:
- 4 kuřecí stehna bez kosti a kůže
- 1 hrnek dlouhozrnné rýže
- 8 šálků kuřecího vývaru
- 1/2 šálku zeleného hrášku
- 1/2 šálku kukuřičných zrn (čerstvých nebo mražených)
- 1/2 šálku nasekaného koriandru
- 1/2 šálku nakrájené červené cibule
- 2 stroužky česneku, mleté
- 1 paprika aji amarillo, zbavená semínek a jemně nasekaná (volitelně pro ohřev)
- 2 lžíce rostlinného oleje
- Sůl a pepř na dochucení
- Klínky limetky na servírování

INSTRUKCE:
a) Ve velkém hrnci rozehřejte rostlinný olej na středně vysokou teplotu.
b) Přidejte kuřecí stehna a opečte je z obou stran.
c) Přidejte na kostičky nakrájenou červenou cibuli, nasekaný česnek a aji amarillo (pokud používáte) a vařte, dokud cibule nezměkne.
d) Vmíchejte rýži a několik minut vařte.
e) Zalijte kuřecím vývarem a přiveďte k varu.
f) Snižte teplotu na mírný plamen a přidejte zelený hrášek, kukuřici a nasekaný koriandr.
g) Vařte, dokud se rýže neuvaří a polévka mírně zhoustne.
h) Podáváme s měsíčky limetky na mačkání přes polévku.

56.Kuře a brambory Pachamanca

SLOŽENÍ:
- 4 kousky kuřete bez kosti a kůže
- 4 velké žluté brambory, oloupané a rozpůlené
- 2 šálky fazolí lima, vyloupaných
- 4 kukuřičné klasy, oloupané a nakrájené na kolečka
- 1/2 šálku aji panca pasty (peruánská červená chilli pasta)
- 1/2 šálku chicha de jora (peruánské fermentované kukuřičné pivo)
- 1/4 šálku rostlinného oleje
- 2 lžíce utřeného česneku
- 2 lžíce mletého kmínu
- 2 lžíce sušeného oregana
- Banánové listy
- Sůl a pepř na dochucení

INSTRUKCE:
a) Ve velké míse smíchejte pastu aji panca, chicha de jora, rostlinný olej, drcený česnek, mletý kmín, sušené oregano, sůl a pepř, abyste vytvořili marinádu.
b) Kuřecí kousky a brambory potřeme marinádou a necháme asi 1 hodinu odležet.
c) Banánové listy položte na dno podzemní trouby nebo velkého pekáčku.
d) Na banánové listy navrstvěte marinované kuře, brambory, fazole lima a kolečka kukuřice.
e) Zakryjte více banánovými listy.
f) Pečte v podzemní troubě nebo běžné troubě při nízké teplotě (kolem 300 °F nebo 150 °C) několik hodin, dokud není vše propečené a měkké.
g) Podávejte horké.

57.Aji de Pollo (kuře v pikantní Aji omáčce)

SLOŽENÍ:
- 4 vykostěná kuřecí prsa bez kůže, nakrájená na nudličky
- 1/2 šálku aji amarillo omáčky (peruánská žlutá chilli omáčka)
- 2 lžíce rostlinného oleje
- 1 červená cibule, nakrájená na tenké plátky
- 2 stroužky česneku, mleté
- 2 hrnky kuřecího vývaru
- 2 lžíce arašídů, opražených a mletých
- 1/2 šálku queso fresco (peruánský čerstvý sýr), rozdrobený
- 4 šálky vařené bílé rýže
- Sůl a pepř na dochucení

INSTRUKCE:
a) Ve velké pánvi rozehřejte na středním plameni rostlinný olej.
b) Přidáme nakrájenou červenou cibuli a nasekaný česnek. Opékejte, dokud cibule nezměkne.
c) Přidejte kuřecí nudličky a vařte, dokud nezhnědnou.
d) Vmíchejte omáčku aji amarillo a kuřecí vývar. Dusíme, dokud se kuře neuvaří a omáčka nezhoustne.
e) Dochuťte solí a pepřem podle chuti.
f) Podávejte Aji de Pollo s vařenou bílou rýží, ozdobené mletými arašídy a rozdrobenou freskou queso.

58. Quinotto con Pollo (Rizoto s kuřecím masem a quinoou)

SLOŽENÍ:

- 2 vykostěná kuřecí prsa bez kůže, nakrájená na kostičky
- 1 šálek quinoa
- 2 hrnky kuřecího vývaru
- 1/2 šálku bílého vína
- 1/2 šálku strouhaného parmazánu
- 1/4 šálku nasekaného čerstvého koriandru
- 1/4 šálku nakrájené červené papriky
- 1/4 šálku nakrájeného zeleného hrášku
- 2 lžíce rostlinného oleje
- Sůl a pepř na dochucení

INSTRUKCE:

a) Ve velké pánvi rozehřejte rostlinný olej a vařte kostky kuřete, dokud nezhnědnou a nepropečou. Vyjměte z pánve a dejte stranou.
b) Do stejné pánve přidejte quinou a pár minut opékejte.
c) Zalijeme bílým vínem a dusíme, dokud se z větší části nevsákne.
d) Postupně přilévejte kuřecí vývar a míchejte, dokud není quinoa uvařená a krémová.
e) Vmíchejte nastrouhaný parmazán, nasekaný koriandr, nakrájenou červenou papriku a nakrájený zelený hrášek.
f) Dochuťte solí a pepřem.
g) Quinotto podávejte s vařeným kuřecím masem nahoře.

MORČE

59.Picante de Cuy/guláš z morčete

SLOŽENÍ:
- 2 morčata, očištěná a nakrájená na porce
- 1 šálek aji panca pasty (peruánská červená chilli pasta)
- 1/2 šálku rostlinného oleje
- 2 cibule, nakrájené nadrobno
- 4 stroužky česneku, nasekané
- 2 polévkové lžíce. mletého kmínu
- 2 polévkové lžíce. ze sušeného oregana
- 2 šálky kuřecího nebo zeleninového vývaru
- 4 brambory, oloupané a nakrájené na kostičky
- 2 mrkve, oloupané a nakrájené
- 1 šálek zeleného hrášku (čerstvého nebo mraženého)
- Sůl a pepř na dochucení
- Čerstvý koriandr na ozdobu
- Vařená bílá rýže k podávání

INSTRUKCE:
a) Ve velké misce marinujte kousky morčete pastou aji panca, aby byly rovnoměrně potažené. Necháme marinovat alespoň 30 minut, nejlépe přes noc v lednici.
b) Ve velkém hrnci nebo holandské troubě zahřejte rostlinný olej na střední teplotu.
c) Do hrnce přidejte nakrájenou cibuli a nasekaný česnek a restujte, dokud cibule nezprůsvitní a česnek nezavoní.
d) Vmíchejte mletý kmín a sušené oregano a minutu povařte, aby uvolnily jejich chuť.
e) Přidejte do hrnce marinované kousky morčete a ze všech stran je několik minut opékejte.
f) Zalijeme kuřecím nebo zeleninovým vývarem a dochutíme solí a pepřem podle chuti.
g) Hrnec přikryjte a nechte morče dusit na mírném ohni asi 1 až 1,5 hodiny, nebo dokud maso není měkké a propečené. Občas promíchejte a v případě potřeby přidejte další vývar.
h) V samostatném hrnci uvařte brambory a mrkev v osolené vodě do měkka. Sceďte a dejte stranou.
i) Jakmile je morče uvařené, přidejte do hrnce vařené brambory, mrkev a zelený hrášek. Jemně promíchejte, aby se spojily.
j) Pokračujte ve vaření dalších 10 minut, aby se chutě spojily.
k) Odstraňte hrnec z ohně a před podáváním nechte pár minut odpočinout.
l) Picante de Cuy/guláš z morčat podávejte horké, ozdobené čerstvým koriandrem.
m) Doplňte vařenou bílou rýží.

60.Cuy Chactado (smažené morče)

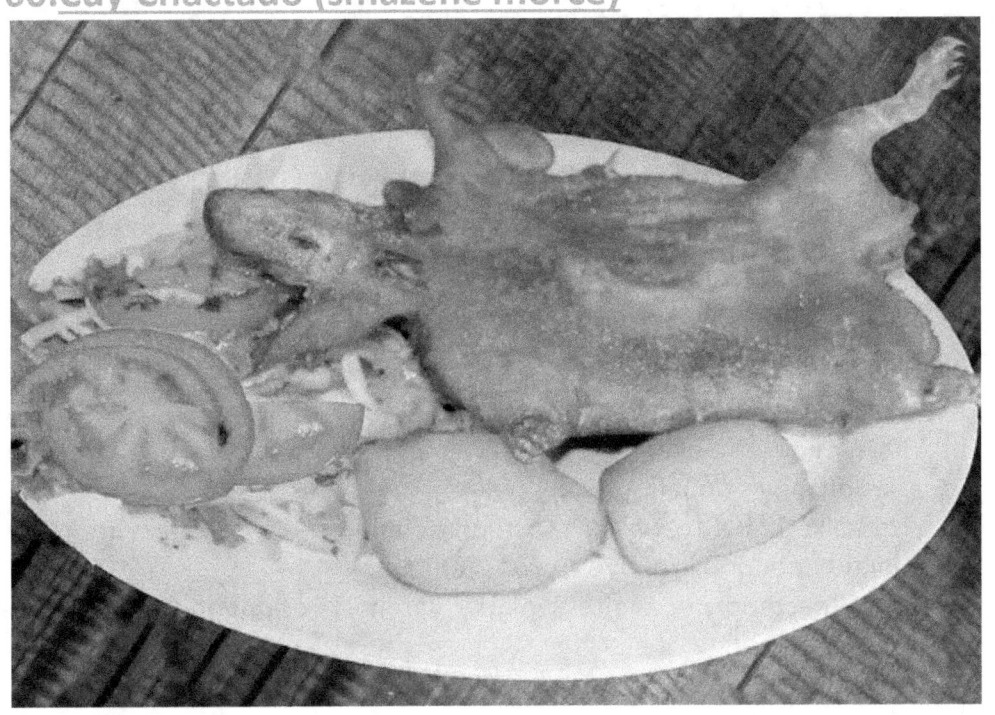

SLOŽENÍ:

- 2 morčata, oblečená a nakrájená na kousky
- 1 šálek aji amarillo omáčky (peruánská žlutá chilli omáčka)
- 1 šálek rostlinného oleje
- 1 šálek kukuřičného škrobu
- 1 šálek vařených žlutých brambor, nakrájených na plátky
- Listy salátu k podávání
- Klínky limetky na ozdobu
- Sůl a pepř na dochucení

INSTRUKCE:

a) Kousky morčete osolte a opepřete.
b) Každý kousek pokapeme v omáčce aji amarillo a poté v kukuřičném škrobu, aby se obalil.
c) Na velké pánvi rozehřejte rostlinný olej a opékejte kousky morčete, dokud nebudou křupavé a propečené.
d) Cuy Chactado podávejte s plátky vařených brambor, listy salátu a měsíčky limetky.

61. Pachamanca de Cuy (morče pečené v podzemní troubě)

SLOŽENÍ:

- 2 oblečená a očištěná morčata
- 4 velké brambory, oloupané a rozpůlené
- 2 šálky fazolí lima, vyloupaných
- 4 kukuřičné klasy, oloupané a nakrájené na kolečka
- 1/2 šálku aji panca pasty (peruánská červená chilli pasta)
- 1/2 šálku chicha de jora (peruánské fermentované kukuřičné pivo)
- 1/4 šálku rostlinného oleje
- 2 lžíce utřeného česneku
- 2 lžíce mletého kmínu
- 2 lžíce sušeného oregana
- Banánové listy
- Sůl a pepř na dochucení

INSTRUKCE:

a) Ve velké míse smíchejte pastu aji panca, chicha de jora, rostlinný olej, drcený česnek, mletý kmín, sušené oregano, sůl a pepř, abyste vytvořili marinádu.
b) Morčata potřeme marinádou a necháme asi 1 hodinu uležet.
c) Banánové listy položte na dno podzemní trouby nebo velkého pekáčku.
d) Na banánové listy navrstvíme marinovaná morčata, brambory, lima fazole a kolečka kukuřice.
e) Zakryjte více banánovými listy.
f) Pečte v podzemní troubě nebo běžné troubě při nízké teplotě (kolem 300 °F nebo 150 °C) několik hodin, dokud není vše propečené a měkké.
g) Podávejte horké.

62.Cuy al Horno (pečené morče)

SLOŽENÍ:
- 2 oblečená a očištěná morčata
- 2 lžíce pasty aji panca (peruánská červená chilli pasta)
- 1/4 šálku rostlinného oleje
- 2 stroužky česneku, mleté
- 1/4 šálku bílého vína
- 2 lžičky mletého kmínu
- 2 lžičky sušeného oregana
- Sůl a pepř na dochucení

INSTRUKCE:
a) V misce smíchejte pastu aji panca, rostlinný olej, mletý česnek, bílé víno, mletý kmín, sušené oregano, sůl a pepř, abyste vytvořili marinádu.
b) Morčata potřete marinádou, ujistěte se, že jsou dobře obalená. Necháme je marinovat alespoň 2 hodiny.
c) Předehřejte troubu na 350 °F (175 °C).
d) Marinovaná morčata vložte do pekáče a pečte v předehřáté troubě asi 1 až 1,5 hodiny nebo dokud nejsou úplně propečená a křupavá.
e) Cuy al Horno podávejte s peruánskými přílohami dle vlastního výběru.

63.Cuy con Papa a la Huancaina

SLOŽENÍ:
PRO MORČE:
- 2 oblečená a očištěná morčata
- 1/4 šálku aji panca pasty (peruánská červená chilli pasta)
- 2 lžíce rostlinného oleje
- 2 stroužky česneku, mleté
- 1/4 šálku bílého vína
- 2 lžičky mletého kmínu
- 2 lžičky sušeného oregana
- Sůl a pepř na dochucení

PRO BRAMBORY HUANCAINA:
- 4 žluté brambory, vařené a nakrájené na plátky
- 1 šálek queso fresco (peruánský čerstvý sýr)
- 1/2 šálku aji amarillo omáčky (peruánská žlutá chilli omáčka)
- 1/4 šálku odpařeného mléka
- 2 lžíce rostlinného oleje
- Sůl a pepř na dochucení

INSTRUKCE:
a) V misce smíchejte aji panca pastu, rostlinný olej, mletý česnek, bílé víno, mletý kmín, sušené oregano, sůl a pepř, abyste vytvořili marinádu pro morčata.
b) Morčata potřeme marinádou, dbáme na to, aby byla dobře obalená. Necháme je marinovat alespoň 2 hodiny.
c) Předehřejte troubu na 350 °F (175 °C).
d) Marinovaná morčata vložíme do pekáče a pečeme v předehřáté troubě asi 1 až 1,5 hodiny nebo dokud nejsou zcela propečená a mají křupavou kůži.
e) U brambor Huancaina smíchejte queso fresco, omáčku aji amarillo, odpařené mléko, rostlinný olej, sůl a pepř, dokud nezískáte krémovou omáčku.
f) Pečená morčata podávejte s vařenými bramborovými plátky zalité omáčkou Huancaina.

64. Cuy Saltado (smažené morče)

SLOŽENÍ:
- 2 oblečená a očištěná morčata, nakrájená na kousky
- 2 lžíce rostlinného oleje
- 1 červená cibule, nakrájená na tenké plátky
- 1 červená paprika, nakrájená na plátky
- 2 rajčata, nakrájená na plátky
- 2 stroužky česneku, mleté
- 1/4 šálku aji amarillo pasty (peruánská žlutá chilli pasta)
- 2 lžíce sójové omáčky
- 2 lžíce červeného vinného octa
- Sůl a pepř na dochucení

INSTRUKCE:
a) Zahřejte rostlinný olej ve velké pánvi nebo wok na vysokou teplotu.
b) Přidejte kousky morčete a za stálého míchání smažte, dokud nezhnědnou a neprovaří. Vyjměte z pánve a dejte stranou.
c) Do stejné pánve přidejte nakrájenou červenou cibuli, červenou papriku a prolisovaný česnek. Za stálého míchání opékejte, dokud zelenina nezměkne.
d) Vraťte kousky morčete do pánve a přidejte nakrájená rajčata, pastu aji amarillo, sójovou omáčku a červený vinný ocet. Vařte několik minut.
e) Dochuťte solí a pepřem podle chuti.
f) Cuy Saltado podávejte s dušenou bílou rýží.

65. Cuy en Salsa de Mani (morče v arašídové omáčce)

SLOŽENÍ:

- 2 oblečená a očištěná morčata, nakrájená na kousky
- 1/2 šálku aji panca pasty (peruánská červená chilli pasta)
- 1/2 šálku rostlinného oleje
- 2 cibule, nakrájené nadrobno
- 4 stroužky česneku, nasekané
- 1 šálek pražených arašídů, mletých
- 2 hrnky kuřecího vývaru
- 1/4 šálku odpařeného mléka
- Sůl a pepř na dochucení

INSTRUKCE:

a) V misce smíchejte aji panca pastu, rostlinný olej, najemno nakrájenou cibuli, mletý česnek a mleté pražené arašídy, abyste vytvořili marinádu pro morčata.
b) Kousky morčete potřete marinádou a ujistěte se, že jsou dobře potažené. Necháme je marinovat alespoň 2 hodiny.
c) Zahřejte velký hrnec na střední teplotu. Přidejte marinované kousky morčete a vařte, dokud ze všech stran nezhnědnou.
d) Zalijeme kuřecím vývarem a odpařeným mlékem. Dusíme, dokud se morčata neprovaří a omáčka nezhoustne.
e) Dochuťte solí a pepřem podle chuti.
f) Cuy en Salsa de Mani podávejte s dušenou bílou rýží.

RYBY A MOŘSKÉ PLODY

66. Trucha a la Plancha/Grilovaný pstruh

SLOŽENÍ:
- 4 filety ze pstruha, s kůží
- 2 polévkové lžíce. rostlinného oleje
- Šťáva z 1 citronu
- Sůl a pepř na dochucení
- Čerstvé bylinky (jako je petržel nebo koriandr), nasekané (volitelně)
- Klínky citronu k podávání

INSTRUKCE:
a) Předehřejte gril nebo rozpalte velkou pánev na středně vysokou teplotu.
b) Filety ze pstruha opláchněte pod studenou vodou a osušte papírovou utěrkou.
c) Obě strany filetů ze pstruha potřete rostlinným olejem, aby byly rovnoměrně potažené.
d) Filety z obou stran osolte, opepřete a zakápněte citronovou šťávou.
e) Filety ze pstruha položte kůží dolů na gril nebo pánev.
f) Opékejte asi 3-4 minuty z každé strany, nebo dokud ryba není neprůhledná a snadno se vidličkou loupe. Kůže by měla být křupavá a zlatohnědá.
g) Filety pstruha stáhněte z ohně a přendejte je na servírovací talíř.
h) Posypte filety čerstvými bylinkami (pokud je používáte) pro přidání chuti a ozdobte.
i) Trucha a la Plancha/Grilovaného pstruha podávejte horké, doplněné o měsíčky citronu na vymačkání ryby.
j) Můžete podávat s přílohou dušené zeleniny, rýže nebo salátu na dokončení jídla.

67. Parihuela/Polévka z mořských plodů

SLOŽENÍ:
- 1,1 libry smíšených mořských plodů (krevety, chobotnice, mušle, chobotnice atd.)
- 1,1 libry filé z bílé ryby (jako je jazyk mořského, chňapal nebo treska)
- 1 cibule, nakrájená nadrobno
- 4 stroužky česneku, nasekané
- 2 rajčata, oloupaná a nakrájená
- 2 polévkové lžíce. z rajčatového protlaku
- 2 polévkové lžíce. rostlinného oleje
- 1 polévková lžíce. pasty aji amarillo (peruánská žlutá chilli pasta) (volitelné)
- 4 šálky vývaru z ryb nebo mořských plodů
- 1 šálek bílého vína
- 1 šálek vody
- 1 lžička mletého kmínu
- 1 lžička ze sušeného oregana
- 1/4 šálku nasekaného koriandru
- Sůl a pepř na dochucení

INSTRUKCE:

a) Zahřejte rostlinný olej ve velkém hrnci nebo holandské troubě na střední teplotu.
b) Do hrnce přidejte nakrájenou cibuli a nasekaný česnek a restujte, dokud nezezlátnou.
c) Vmícháme nakrájená rajčata a rajčatový protlak.
d) Vařte několik minut, dokud rajčata nezměknou.
e) Pokud používáte aji amarillo pastu, přidejte ji do hrnce a dobře promíchejte s ostatními ingrediencemi.
f) Zalijeme bílým vínem a necháme pár minut povařit, aby se snížil alkohol.
g) Do hrnce přidejte vývar z ryb nebo mořských plodů a vodu. Přiveďte k varu.
h) Rybí filé nakrájejte na kousky velikosti sousta a přidejte je do hrnce.
i) Snižte plamen na minimum a nechte polévku vařit asi 10 minut nebo dokud se ryba nepropeče.
j) Do hrnce přidejte rozmixované mořské plody (krevety, chobotnice, mušle, chobotnice atd.) a vařte dalších 5 minut nebo dokud nejsou mořské plody uvařené a měkké.
k) Polévku Parihuela/mořské plody dochuťte mletým kmínem, sušeným oreganem, solí a pepřem. Dochucení upravte podle své chuti.
l) Polévku přisypeme nakrájený koriandr a zlehka promícháme.
m) Odstraňte hrnec z ohně a před podáváním nechte pár minut odpočinout.
n) Polévku Parihuela/mořské plody podávejte horkou v polévkových miskách spolu s křupavým chlebem nebo vařenou rýží.

68. Syrové ryby marinované v limetce (Cebiche)

SLOŽENÍ:
- 1 ½ libry. mořský okoun, halibut, platýs, chňapal nebo jiná pevná ryba
- 1 červená cibule, nakrájená na jemné plátky
- ½ aji amarillo chilli papričky, nakrájené velmi jemně
- Sůl
- 1 stroužek česneku, nakrájený velmi jemně Šťáva z 12 limetek
- 2 polévkové lžíce. listy koriandru, nakrájené na plátky
- 1 velký sladký brambor, uvařený, oloupaný a nakrájený na silné plátky
- 12 kukuřičných klasů, nakrájených na asi 12" silné, uvařené
- Listy salátu

INSTRUKCE:
a) Smíchejte rybu a cibuli a omyjte je dohromady. Dobře sceďte.
b) Vložte rybu do servírovací misky, kterou chcete použít. Rybu ochutíme solí, chilli papričkou a česnekem.
c) Přidejte limetkovou šťávu a pár kostek ledu nebo pár lžic ledové vody.
d) Necháme 5 minut odpočívat, ne však déle než 45 minut. Vyhoďte led.
e) Posypeme lístky koriandru. Ihned podáváme s hlávkovým salátem, kukuřicí a batáty.

69. Causa Rellena de Atún (Causa plněná tuňákem)

SLOŽENÍ:
PRO KAUSU:
- 4 velké žluté brambory
- 2 lžíce rostlinného oleje
- 1/4 šálku limetkové šťávy
- 1 lžička aji amarillo pasty
- Sůl a pepř na dochucení

NA NÁPLŇ TUŇÁKA:
- 1 konzerva tuňáka, okapaná
- 1/4 šálku majonézy
- 1/4 šálku jemně nakrájené červené cibule
- 2 natvrdo uvařená vejce, nakrájená
- Černé olivy na ozdobu
- Listy salátu (volitelné)

INSTRUKCE:
a) Brambory vařte, dokud nejsou měkké a dají se snadno rozmačkat.
b) Ještě teplé brambory oloupeme a rozšťoucháme. Přidejte limetkovou šťávu, rostlinný olej, pastu aji amarillo, sůl a pepř. Dobře promíchejte, aby vzniklo hladké bramborové těsto.
c) Bramborové těsto rozdělte na dvě stejné části.
d) Jednu porci vyrovnejte v servírovací misce a vytvořte základní vrstvu.
e) V samostatné misce smíchejte scezeného tuňáka, majonézu, nakrájenou červenou cibuli a natvrdo uvařená vejce.
f) Směs z tuňáka rozetřeme na bramborovou základní vrstvu.
g) Přikryjeme druhou částí bramborového těsta.
h) Ozdobte černými olivami.
i) Podávejte vychlazené, případně na lůžku z listů salátu.

70.Chupe de Camarones/polévka z krevet

SLOŽENÍ:
- 1 libra krevet, oloupaných a zbavených žilek
- 1 polévková lžíce. olivový olej
- 1 cibule, nakrájená nadrobno
- 3 stroužky česneku, nasekané
- 1 lžička mletý kmín
- 1 lžička sušené oregáno
- 2 polévkové lžíce. ají amarillo pasta (nebo náhrada za žlutou chilli pastu)
- 2 šálky rybího nebo zeleninového vývaru
- 1 šálek odpařeného mléka
- 1 šálek mražených kukuřičných zrn
- 1 hrnek nakrájených brambor
- 1 šálek na kostičky nakrájené mrkve
- 1 šálek na kostičky nakrájené cukety
- 1/2 šálku hrášku
- 1/2 šálku nakrájené červené papriky
- 1/2 šálku nakrájené zelené papriky
- 1/4 šálku nasekaného čerstvého koriandru
- Sůl a pepř na dochucení
- 2 vejce, rozšlehaná
- Čerstvý sýr, rozdrobený, na ozdobu
- Čerstvý koriandr, nasekaný, na ozdobu

INSTRUKCE:
a) Ve velkém hrnci rozehřejte na středním plameni olivový olej.
b) Přidejte nakrájenou cibuli a prolisovaný česnek. Opékejte, dokud cibule nezprůsvitní a česnek nezavoní.
c) Do hrnce přidejte mletý kmín, sušené oregano a pastu ají amarillo. Dobře promíchejte, aby se spojily a vařte další minutu, aby se uvolnily chutě.
d) Přidejte rybí nebo zeleninový vývar a přiveďte k varu. Snižte teplotu na minimum a vařte asi 10 minut, aby se chutě spojily.
e) Do hrnce přidejte odpařené mléko, mražená kukuřičná zrna, nakrájené brambory, mrkev, cuketu, hrášek, červenou papriku, zelenou papriku a nasekaný koriandr. Dobře promíchejte a dochuťte solí a pepřem podle chuti.
f) Směs dusíme asi 15 minut, nebo dokud zelenina nezměkne.
g) Mezitím v samostatné pánvi orestujte krevety na trošce olivového oleje, dokud nezrůžoví a neprovaří. Dát stranou.
h) Jakmile je zelenina měkká, za stálého míchání pomalu vlijte do hrnce rozšlehaná vejce. Tím se vytvoří stuhy vařeného vejce v celé polévce.
i) Přidejte uvařené krevety do hrnce a jemně promíchejte, aby se spojily. Polévku nechte dalších 5 minut provařit, aby se chutě propojily.
j) Chupe de Camarones/polévku z krevet podávejte horké, ozdobené rozdrobeným čerstvým sýrem a nasekaným čerstvým koriandrem.

71.Chupe de Pescado/rybí polévka

SLOŽENÍ:
- 1 libra bílých rybích filé (jako je snapper, treska nebo tilapie), nakrájená na kousky velikosti sousta
- 1 cibule, nakrájená nadrobno
- 3 stroužky česneku, nasekané
- 2 polévkové lžíce. rostlinného oleje
- 2 polévkové lžíce. z ají amarillo pasty (peruánská žlutá chilli pasta) nebo nahradit pyré ze žluté papriky
- 2 šálky vývaru z ryb nebo mořských plodů
- 2 šálky vody
- 2 střední brambory, oloupané a nakrájené na kostičky
- 1 šálek mražených kukuřičných zrn
- 1 šálek odpařeného mléka
- 1 šálek čerstvého nebo mraženého hrášku
- 1 šálek strouhaného sýra (jako je mozzarella nebo čedar)
- 2 polévkové lžíce. nasekaného čerstvého koriandru
- Sůl a pepř na dochucení
- Klínky limetky na servírování

INSTRUKCE:
a) Ve velkém hrnci zahřejte na středním plameni rostlinný olej.
b) Přidejte nakrájenou cibuli a nasekaný česnek a restujte, dokud cibule nezprůsvitní a česnek nezavoní.
c) Vmíchejte pastu ají amarillo nebo pyré ze žluté papriky a minutu povařte, aby se chutě začlenily.
d) Do hrnce přidejte vývar z ryb nebo mořských plodů a vodu a přiveďte směs k varu.
e) Přidejte na kostičky nakrájené brambory do hrnce, snižte plamen na středně nízký a nechte vařit asi 10 minut nebo dokud nejsou brambory částečně uvařené.
f) Vmíchejte rybí filé a mražená kukuřičná zrna. Vařte dalších 5–7 minut, dokud se ryba neprovaří a kukuřice nezměkne.
g) Zalijeme odpařeným mlékem a přidáme hrášek. Dobře promíchejte, aby se spojily.
h) Chupe de Pescado/rybí polévka dochuťte solí a pepřem podle chuti. Podle potřeby upravte koření.
i) Vršek polévky posypeme strouhaným sýrem. Hrnec přikryjte a nechte vařit dalších 5 minut, nebo dokud se sýr nerozpustí a chutě se dobře nepropojí.
j) Hrnec stáhněte z plotny a polévku posypte nasekaným koriandrem.
k) Chupe de Pescado/rybí polévku podávejte horkou s měsíčky limetky na boku, abyste ji mohli přimáčknout k polévce.
l) Chupe de Pescado/rybí polévku si můžete vychutnat samotnou nebo ji podávat s křupavým chlebem nebo rýží.

72. Arroz con Mariscos/rýže z mořských plodů

SLOŽENÍ:
- 2 šálky dlouhozrnné bílé rýže
- 1 libra smíšených mořských plodů (jako jsou krevety, kalamáry, mušle a mušle), očištěné a zbavené
- 2 polévkové lžíce. rostlinný olej
- 1 cibule, nakrájená nadrobno
- 4 stroužky česneku, nasekané
- 1 červená paprika, nakrájená na kostičky
- 1 šálek nakrájených rajčat (čerstvých nebo konzervovaných)
- 1 polévková lžíce. rajčatová pasta
- 1 šálek vývaru z ryb nebo mořských plodů
- 1 šálek bílého vína (volitelné)
- 1 lžička mletý kmín
- 1 lžička paprika
- 1/2 lžičky sušené oregáno
- 1/4 lžičky kajenský pepř (volitelně, na teplo)
- 1/4 šálku nasekaného čerstvého koriandru
- 1/4 šálku nasekané čerstvé petrželky
- Šťáva z 1 limetky
- Sůl, podle chuti
- Pepř, podle chuti

INSTRUKCE:
a) Rýži proplachujte pod studenou vodou, dokud voda nevyteče.
b) Rýži uvaříme podle návodu na obalu a dáme stranou.
c) Ve velké pánvi nebo pánvi na paellu rozehřejte rostlinný olej na středním plameni.
d) Přidejte nakrájenou cibuli, prolisovaný česnek a na kostičky nakrájenou červenou papriku.
e) Restujeme, dokud zelenina nezměkne a nerozvoní.
f) Přidejte rozmixované mořské plody na pánev a vařte, dokud nejsou částečně uvařené, asi 3-4 minuty.
g) Odstraňte několik kousků mořských plodů a dejte je stranou na pozdější ozdobení, pokud si to přejete.
h) Vmíchejte nakrájená rajčata, rajčatový protlak, vývar z ryb nebo mořských plodů a bílé víno (pokud používáte).
i) Směs přiveďte k varu a vařte asi 5 minut, aby se chutě spojily.
j) Přidejte mletý kmín, papriku, sušené oregano a kajenský pepř (pokud používáte). Míchejte, aby se spojily.
k) Přiklopte uvařenou rýži a jemně ji promíchejte s mořskými plody a omáčkou, dokud se dobře nespojí.
l) Vařte dalších 5 minut, aby se chutě propojily.
m) Sundejte pánev z plotny a vmíchejte nasekaný koriandr, nasekanou petrželku a limetkovou šťávu.
n) Dochuťte solí a pepřem podle chuti.
o) Ozdobte Arroz con Mariscos/rýži s mořskými plody vyhrazenými vařenými mořskými plody a dalšími čerstvými bylinkami, je-li to žádoucí.
p) Arroz con Mariscos/rýži s mořskými plody podávejte horkou, doplněnou plátky limetky a posypem čerstvého koriandru nebo petrželky.

73. Escabeche de Pescado/Nakládané ryby

SLOŽENÍ:
- 1 ½ libry filé z bílé ryby (jako je chňapal, tilapie nebo treska)
- ½ šálku univerzální mouky
- Sůl a pepř na dochucení
- Rostlinný olej na smažení
- 1 červená cibule, nakrájená na tenké plátky
- 2 mrkve, julien
- 1 červená paprika, nakrájená na tenké plátky
- 4 stroužky česneku, nasekané
- 1 šálek bílého octa
- 1 šálek vody
- 2 bobkové listy
- 1 lžička ze sušeného oregana
- 1 lžička mletého kmínu
- ½ lžičky. z papriky
- Sůl a pepř na dochucení
- Čerstvý koriandr nebo petržel na ozdobu

INSTRUKCE:

a) Rybí filety osolíme a opepříme. Nasypte je do mouky a setřeste přebytek.

b) Zahřejte rostlinný olej ve velké pánvi na středně vysokou teplotu. Rybí filé smažte z obou stran dozlatova. Sundejte z pánve a dejte stranou na plech vyložený papírovou utěrkou, aby se odsál přebytečný olej.

c) Na stejné pánvi orestujte nakrájenou červenou cibuli, nakrájenou mrkev, nakrájenou červenou papriku a nasekaný česnek, dokud nezačnou měknout, asi 5 minut.

d) V samostatném hrnci smíchejte bílý ocet, vodu, bobkové listy, sušené oregano, mletý kmín, papriku, sůl a pepř. Směs přiveďte k varu.

e) Do vroucí octové směsi přidejte restovanou zeleninu. Snižte plamen a vařte asi 10 minut, aby se chutě spojily.

f) Smažené rybí filé uložte do mělké misky. Nalijte směs octa a zeleniny na ryby a zcela je zakryjte. Nechte misku vychladnout na pokojovou teplotu.

g) Mísu přikryjte a dejte do lednice alespoň na 2 hodiny nebo přes noc, aby ryby absorbovaly chutě.

h) Escabeche de Pescado/nakládané ryby podávejte vychlazené, ozdobené čerstvým koriandrem nebo petrželkou.

i) Rybu a zeleninu si můžete vychutnat s marinádou jako přílohu nebo podávat s rýží či chlebem.

POLÉVKY

74. Chupe de Ollucos/Olluco bramborová polévka

SLOŽENÍ:
- 2 polévkové lžíce. rostlinný olej
- 1 cibule, nakrájená nadrobno
- 2 stroužky česneku, nasekané
- 1 lžička mletý kmín
- 1 lžička sušené oregáno
- 4 hrnky zeleninového nebo kuřecího vývaru
- 4 střední ollucos, oloupané a nakrájené na kostičky
- 2 střední brambory, oloupané a nakrájené na kostičky
- 1 šálek odpařeného mléka
- 1 šálek queso fresco nebo sýru feta, rozdrobený
- Sůl a pepř na dochucení
- Čerstvý koriandr, nasekaný (na ozdobu)

INSTRUKCE:
a) Ve velkém hrnci zahřejte na středním plameni rostlinný olej.
b) Přidejte nakrájenou cibuli a nasekaný česnek a restujte, dokud cibule nezměkne a zesklovatí.
c) Vmíchejte mletý kmín a sušené oregano a vařte další minutu, aby se opeklo koření.
d) Do hrnce přidejte zeleninový nebo kuřecí vývar a přiveďte k varu.
e) Do hrnce přidejte nakrájené ollucos a brambory. Snižte plamen na mírný plamen a vařte, dokud zelenina nezměkne, asi 15–20 minut.
f) Pomocí šťouchadla na brambory nebo zadní strany lžíce část brambor jemně rozmačkejte o stěnu hrnce, aby polévka zahustila.
g) Vmíchejte odpařené mléko a rozdrobené queso fresco nebo sýr feta. Za občasného míchání vařte dalších 5 minut, dokud se sýr nerozpustí a polévka mírně nezhoustne.
h) Dochuťte solí a pepřem podle chuti.
i) Odstraňte hrnec z ohně a před podáváním nechte mírně vychladnout.
j) Nalijte Chupe de Ollucos/Olluco bramborovou polévku do misek a ozdobte čerstvým koriandrem.
k) Podávejte polévku horkou a vychutnejte si uklidňující chutě Chupe de Ollucos/Olluco bramborové polévky.

75. Chupe de Camote / Polévka ze sladkých brambor

SLOŽENÍ:
- 2 polévkové lžíce. rostlinný olej
- 1 cibule, nakrájená nadrobno
- 2 stroužky česneku, nasekané
- 2 lžičky. mletý kmín
- 1 lžička sušené oregáno
- 4 hrnky zeleninového nebo kuřecího vývaru
- 2 velké sladké brambory, oloupané a nakrájené na kostičky
- 1 šálek kukuřičných zrn (čerstvých nebo mražených)
- 1 šálek odpařeného mléka
- 1 šálek queso fresco nebo sýru feta, rozdrobený
- Sůl a pepř na dochucení
- Čerstvý koriandr, nasekaný (na ozdobu)

INSTRUKCE:
a) Zahřejte rostlinný olej ve velkém hrnci na střední teplotu.
b) Přidejte nakrájenou cibuli a nasekaný česnek a restujte, dokud cibule nezměkne a zesklovatí.
c) Vmíchejte mletý kmín a sušené oregano a vařte další minutu, aby se opeklo koření.
d) Do hrnce přidejte zeleninový nebo kuřecí vývar a přiveďte k varu.
e) Do hrnce přidejte nakrájené sladké brambory a kukuřičná zrna. Snižte plamen na mírný plamen a vařte, dokud batáty nezměknou, asi 15–20 minut.
f) Pomocí šťouchadla na brambory nebo zadní strany lžíce jemně rozmačkejte část sladkých brambor o stěnu hrnce, aby polévka zahustila.
g) Vmíchejte odpařené mléko a rozdrobené queso fresco nebo sýr feta. Za občasného míchání vařte dalších 5 minut, dokud se sýr nerozpustí a polévka mírně nezhoustne.
h) Dochuťte solí a pepřem podle chuti.
i) Odstraňte hrnec z ohně a před podáváním nechte mírně vychladnout.
j) Chupe de Camote/pokrm ze sladkých brambor nalijte do misek a ozdobte čerstvým koriandrem.
k) Podávejte polévku horkou a vychutnejte si uklidňující chutě Chupe de Camote/Polévky ze sladkých brambor.

76. Kuřecí polévka s koriandrem (Aguadito de Pollo)

SLOŽENÍ:
- 4 kuřecí stehna nebo ekvivalentní množství nakrájeného syrového kuřete Sůl a pepř
- ¼ šálku rostlinného oleje
- ½ hrnku cibule, nakrájené nadrobno
- 2 stroužky česneku, rozmačkané
- 2 čerstvé aji amarillo, nasekané nebo 3 lžíce pasty (viz poznámka) 2 šálky listů koriandru (stopky vyhoďte)
- 4 šálky kuřecího vývaru
- 1 šálek tmavého piva (volitelné)
- ½ červené papriky nakrájené na plátky
- 1 šálek mrkve, nakrájené na kostičky
- ½ šálku dlouhozrnné rýže
- 4 středně žluté brambory, oloupané a nakrájené ½ šálku zeleného hrášku

INSTRUKCE:

a) Kuře osolíme a opepříme. V hrnci na středním plameni rozehřejte rostlinný olej, přidejte kuřecí kousky a orestujte je. Kuřecí kousky přendejte na talíř a udržujte v teple. Ve stejném hrnci orestujte cibuli a česnek dozlatova.

b) Listy koriandru a čerstvé aji amarillo zpracujte s ¼ šálku vody v mixéru do hladka; přidejte do cibulové směsi spolu s kuřecím vývarem, pivem, pokud používáte, kuřecím masem, bramborami a mrkví. Přiveďte k varu, snižte teplotu, přikryjte pokličkou a vařte 20 minut.

c) Přidejte rýži, přikryjte hrnec a vařte, dokud není rýže hotová. Na posledních pár minut vaření přidejte hrášek.

d) Ozdobte plátky červené papriky.

77. Chupe de Lentejas/čočková polévka

SLOŽENÍ:
- 2 šálky sušené hnědé nebo zelené čočky
- 1 cibule, nakrájená nadrobno
- 3 stroužky česneku, nasekané
- 1 mrkev, nakrájená na kostičky
- 1 brambor, nakrájený na kostičky
- 1 šálek mražených kukuřičných zrn
- 1 šálek nakrájených rajčat (čerstvých nebo konzervovaných)
- 4 šálky zeleninového vývaru nebo vody
- 1 šálek mléka nebo odpařeného mléka
- 1 lžička mletého kmínu
- 1 lžička ze sušeného oregana
- 1 bobkový list
- Sůl a pepř na dochucení
- Nakrájená čerstvá petržel nebo koriandr na ozdobu
- Klínky limetky na servírování

INSTRUKCE:

a) Opláchněte čočku pod studenou vodou a odstraňte z ní nečistoty a kamínky.
b) Ve velkém hrnci rozehřejte na středním plameni trochu rostlinného oleje.
c) Do hrnce přidejte nakrájenou cibuli a nasekaný česnek a restujte, dokud cibule nezprůsvitní a česnek nezavoní.
d) Do hrnce přidejte nakrájenou mrkev, brambory a mražená kukuřičná zrna.
e) Vařte pár minut, aby zelenina změkla.
f) Vmícháme nakrájená rajčata, mletý kmín, sušené oregano a bobkový list.
g) Vařte ještě minutu, aby se chutě propojily.
h) Do hrnce přidejte propláchnutou čočku a zalijte zeleninovým vývarem nebo vodou.
i) Dochuťte solí a pepřem podle chuti.
j) Směs přiveďte k varu, poté stáhněte plamen na minimum a nechte vařit asi 30–40 minut, nebo dokud čočka nezměkne a neprovaří. Občas promíchejte.
k) Jakmile je čočka uvařená, vmícháme mléko nebo odpařené mléko.
l) Pokud chcete, upravte konzistenci přidáním více tekutiny.
m) Chupe de Lentejas/čočkovou polévku vařte dalších 5–10 minut, aby se prohřála a nechala se chutě propojit.
n) Odstraňte hrnec z ohně a vyhoďte bobkový list.
o) Chupe de Lentejas/čočkovou polévku podávejte horké, ozdobené nasekanou čerstvou petrželkou nebo koriandrem.
p) Podáváme s měsíčky limetky na straně na mačkání přes dušené maso.

78.Chupe de Quinua/Quinoa Polévka

SLOŽENÍ:
- 1 šálek quinoa, opláchnuté
- 2 polévkové lžíce. rostlinný olej
- 1 cibule, nakrájená
- 2 stroužky česneku, mleté
- 1 mrkev, nakrájená na kostičky
- 1 brambor, nakrájený na kostičky
- 1 šálek kukuřičných zrn
- 1 šálek zeleného hrášku
- 4 hrnky zeleninového nebo kuřecího vývaru
- 1 šálek odpařeného mléka
- 1 lžička mletý kmín
- 1 lžička sušené oregáno
- Sůl a pepř na dochucení
- Čerstvý koriandr, nasekaný (na ozdobu)

INSTRUKCE:
a) Ve velkém hrnci zahřejte na středním plameni rostlinný olej.
b) Přidejte nakrájenou cibuli a nasekaný česnek a restujte, dokud cibule nezprůsvitní.
c) Do hrnce přidejte nakrájenou mrkev, brambory, kukuřičná zrna a zelený hrášek. Míchejte a vařte pár minut, dokud zelenina nezačne měknout.
d) Quinou důkladně opláchněte pod studenou vodou.
e) Do hrnce přidejte quinou a promíchejte, aby se spojila se zeleninou.
f) Zalijte zeleninovým nebo kuřecím vývarem a směs přiveďte k varu. Snižte plamen na minimum, hrnec přikryjte a vařte asi 15–20 minut, nebo dokud quinoa a zelenina nezměknou.
g) Vmícháme odpařené mléko, mletý kmín a sušené oregano.
h) Dochuťte solí a pepřem podle chuti.
i) Vařte dalších 5 minut, aby se chutě spojily. Sundejte z plotny a nechte pár minut odpočinout a poté podávejte.

79. Chupe de Pallares Verdes/Polévka ze zelených fazolí

SLOŽENÍ:
- 2 šálky zelených fazolí lima (pallares verdes), namočených přes noc a scezených
- 2 polévkové lžíce. rostlinný olej
- 1 cibule, nakrájená nadrobno
- 2 stroužky česneku, nasekané
- 1 lžička mletý kmín
- 1 lžička sušené oregáno
- 4 hrnky zeleninového nebo kuřecího vývaru
- 2 střední brambory, oloupané a nakrájené na kostičky
- 1 šálek odpařeného mléka
- 1 šálek queso fresco nebo sýru feta, rozdrobený
- Sůl a pepř na dochucení
- Čerstvá petrželka, nasekaná (na ozdobu)

INSTRUKCE:
a) Do velkého hrnce přidejte namočené a okapané zelené fazolky lima. Zalijte je vodou a přiveďte k varu. Snižte teplotu a vařte, dokud fazole nezměknou, asi 30–40 minut. Sceďte a dejte stranou.

b) Ve stejném hrnci zahřejte rostlinný olej na střední teplotu.

c) Přidejte nakrájenou cibuli a nasekaný česnek a restujte, dokud cibule nezměkne a zesklovatí.

d) Vmíchejte mletý kmín a sušené oregano a vařte další minutu, aby se opeklo koření.

e) Do hrnce přidejte zeleninový nebo kuřecí vývar a přiveďte k varu.

f) Do hrnce přidejte nakrájené brambory a uvařené zelené fazolky lima. Snižte plamen na mírný plamen a vařte, dokud brambory nezměknou, asi 15–20 minut.

g) Pomocí šťouchadla na brambory nebo zadní strany lžíce část brambor a fazolí jemně rozmačkejte o stěnu hrnce, aby polévka zahustila.

h) Vmíchejte odpařené mléko a rozdrobené queso fresco nebo sýr feta. Za občasného míchání vařte dalších 5 minut, dokud se sýr nerozpustí a polévka mírně nezhoustne.

i) Dochuťte solí a pepřem podle chuti.

j) Odstraňte hrnec z ohně a před podáváním nechte mírně vychladnout.

k) Chupe de Pallares Verdes/Polévku ze zelených fazolí nalijte do misek a ozdobte čerstvou petrželkou.

l) Polévku podávejte horkou a vychutnejte si uklidňující chutě Chupe de Pallares Verdes/Polévky ze zelených fazolí.

80. Chupe de Papa / bramborová polévka

SLOŽENÍ:
- 6 středně velkých brambor, oloupaných a nakrájených na kostičky
- 1 cibule, nakrájená nadrobno
- 2 stroužky česneku, mleté
- 2 polévkové lžíce. rostlinný olej
- 4 šálky kuřecího nebo zeleninového vývaru
- 1 šálek mléka
- 1 šálek odpařeného mléka
- 1 šálek mražených nebo čerstvých kukuřičných zrn
- 1 šálek mraženého nebo čerstvého hrášku
- 1 šálek queso fresco nebo sýru feta, rozdrobený
- 2 vejce
- 2 polévkové lžíce. čerstvý koriandr, nasekaný
- Sůl a pepř na dochucení

INSTRUKCE:
a) Ve velkém hrnci zahřejte na středním plameni rostlinný olej.
b) Přidejte nakrájenou cibuli a nasekaný česnek a restujte, dokud nejsou měkké a voňavé.
c) Do hrnce přidejte nakrájené brambory a promíchejte, aby se obalily ve směsi cibule a česneku.
d) Zalijte kuřecím nebo zeleninovým vývarem a směs přiveďte k varu. Snižte plamen na minimum, hrnec přikryjte a nechte vařit asi 15–20 minut, nebo dokud brambory nezměknou.
e) Vidličkou nebo šťouchadlem na brambory část brambor v hrnci lehce rozmačkáme, aby polévka zahustila. Chupe de Papa/bramborová polévka tak získá krémovou konzistenci.
f) Do hrnce přidejte mléko, odpařené mléko, kukuřičná zrna a hrášek. Dobře promíchejte, aby se všechny ingredience spojily.
g) Pokračujte ve vaření polévky na mírném ohni dalších 10-15 minut, aby se chutě spojily.
h) V samostatné misce rozšlehejte vejce. K rozšlehaným vejcím postupně přiléváme naběračku horké polévky, za stálého šlehání, aby se vejce temperovala a nesrazila se.
i) Za stálého míchání pomalu vlijte vaječnou směs zpět do hrnce. To pomůže zahustit polévku a dát jí krémovou texturu.
j) Do hrnce přidejte rozdrobené queso fresco nebo sýr feta a míchejte, dokud se nerozpustí v polévce.
k) Chupe de Papa/bramborovou polévku dochuťte solí a pepřem podle chuti. Upravte koření podle vašich preferencí.
l) Nakonec polévku posypte čerstvým koriandrem a zlehka promíchejte.
m) Chupe de Papa/bramborovou polévku servírujte horkou v miskách, případně ozdobenou koriandrem.

DEZERT

81.Humitas/Dušené kukuřičné koláče

SLOŽENÍ:
- 6 čerstvých kukuřičných klasů
- 1 cibule, nakrájená nadrobno
- 2 polévkové lžíce. rostlinný olej
- 1 polévková lžíce. ají amarillo pasta (volitelně, pro pikantní kopání)
- 1 lžička mletý kmín
- 1 lžička paprika
- Sůl a pepř na dochucení
- Kukuřičné slupky, namočené ve vodě po dobu nejméně 1 hodiny

INSTRUKCE:
a) Začněte tím, že odstraníte slupky z kukuřičných klasů a dáte je stranou. Opatrně oloupejte kukuřičná zrna z klasů a ujistěte se, že shromáždíte také všechno kukuřičné mléko.
b) V mixéru nebo kuchyňském robotu rozmixujte kukuřičná zrna a kukuřičné mléko, dokud nezískáte hladkou směs. Dát stranou.
c) V pánvi zahřejte rostlinný olej na střední teplotu.
d) Přidejte nakrájenou cibuli a restujte, dokud nebude průsvitná a voňavá.
e) Do pánve přidejte pastu ají amarillo (pokud používáte), mletý kmín, papriku, sůl a pepř. Dobře promíchejte, aby se spojily a vařte další minutu.
f) Rozmixovanou kukuřičnou směs nalijte do pánve s ochucenou cibulí. Průběžně mícháme, aby se nevytvořily hrudky, a vařte asi 10 minut, dokud směs nezhoustne.
g) Odstraňte pánev z plotny a nechte směs mírně vychladnout.
h) Vezměte namočenou kukuřičnou slupku a vložte asi 2 polévkové lžíce. kukuřičné směsi uprostřed. Slupku přeložte přes náplň a vytvořte obdélníkový balíček. Konce slupky svažte tenkým proužkem namočené slupky nebo kuchyňským provázkem, abyste humitu zajistili.
i) Postup opakujte se zbylou kukuřičnou směsí a slupkami, dokud nespotřebujete veškerou směs.
j) Naplňte velký hrnec vodou a přiveďte k varu. Umístěte na hrnec parní koš nebo cedník a ujistěte se, že se nedotýká vody.
k) Zabalené Humitas/Dušené kukuřičné koláče uložte do napařovacího koše, hrnec přikryjte pokličkou a vařte v páře asi 45 minut až 1 hodinu, nebo dokud nejsou Humitas/Pušené kukuřičné koláče pevné a propečené.
l) Vyjměte Humitas/Dušené kukuřičné koláče z pařáku a před rozbalením a podáváním je nechte mírně vychladnout.

82. Arroz con Leche/rýžový pudink

SLOŽENÍ:
- 1 šálek bílé rýže
- 4 šálky mléka
- 1 šálek vody
- 1 tyčinka skořice
- 1 hrnek cukru (podle chuti)
- 1 lžička z vanilkového extraktu
- Kůra z 1 citronu (volitelně)
- Mletá skořice na ozdobu

INSTRUKCE:
a) Rýži propláchněte pod studenou vodou, abyste odstranili přebytečný škrob.
b) Ve velkém hrnci smíchejte propláchnutou rýži, mléko, vodu a tyčinku skořice.
c) Umístěte hrnec na středně vysokou teplotu a přiveďte směs k varu.
d) Snižte teplotu na minimum a vařte za občasného míchání, aby se nepřilepila, asi 20 minut nebo dokud není rýže uvařená a měkká.
e) Přidejte cukr a míchejte, dokud se úplně nerozpustí.
f) Pokračujte ve vaření rýžového nákypu na mírném ohni za častého míchání dalších 10-15 minut nebo dokud směs nezhoustne do krémové konzistence.
g) Odstraňte hrnec z ohně a vmíchejte vanilkový extrakt a citronovou kůru (pokud používáte). Arroz con Leche/rýžový nákyp nechte několik minut vychladnout.
h) Vyjměte tyčinku skořice z hrnce.
i) Přeneste Arroz con Leche/rýžový nákyp do jednotlivých servírovacích misek nebo velké servírovací mísy.
j) Navrch posypeme mletou skořicí na ozdobu.
k) Arroz con Leche/rýžový nákyp podávejte teplý nebo vychlazený. Můžete si ho vychutnat samostatně nebo s posypem další skořice navrchu.

83. Mazamorra Morada/Purpurový kukuřičný pudink

SLOŽENÍ:
- 2 šálky fialových kukuřičných zrn (sušených)
- 8 šálků vody
- 1 tyčinka skořice
- 4 hřebíčky
- 1 šálek nakrájeného ananasu
- 1 šálek nakrájeného jablka
- 1 šálek na kostičky nakrájené hrušky
- 1 šálek na kostičky nakrájené kdoule (volitelně)
- 1/2 šálku sušených švestek
- 1/2 šálku sušených meruněk
- 1 hrnek cukru
- 1/4 šálku kukuřičného škrobu
- Šťáva z 1 limetky
- Mletá skořice na ozdobu

INSTRUKCE:
a) Ve velkém hrnci smíchejte fialová kukuřičná zrna, vodu, tyčinku skořice a hřebíček.
b) Směs přiveďte k varu, poté snižte teplotu a vařte asi 45 minut až 1 hodinu.
c) Tím získáte chuť a barvu z fialové kukuřice.
d) Přeceďte tekutinu do jiného hrnce, kukuřičná zrna, tyčinku skořice a hřebíček vyhoďte. Vraťte hrnec na oheň.
e) Přidejte do hrnce nakrájený ananas, jablko, hrušku, kdouli (pokud používáte), sušené švestky a sušené meruňky. Vařte asi 15 minut, nebo dokud plody nezměknou.
f) V malé misce smíchejte cukr a kukuřičný škrob.
g) Tuto směs přidejte do hrnce a dobře promíchejte, aby se spojila.
h) Vařte dalších 5-10 minut za stáleho míchání, dokud směs nezhoustne.
i) Hrnec odstavíme z plotny a vmícháme limetkovou šťávu.
j) Nechte Mazamorra Morada/Purple Corn Pudding vychladnout na pokojovou teplotu, poté chlaďte alespoň 2 hodiny nebo dokud nevychladne a neztuhne.
k) Pro podávání nalijte Mazamorra Morada/Purple Corn Pudding do jednotlivých misek nebo sklenic.
l) Navrch posypeme mletou skořicí na ozdobu.
m) Vychutnejte si Mazamorra Morada/Purple Corn Pudding vychlazený jako osvěžující a sladký dezert.

84. Mazamorra de Quinua/Quinoa pudink

SLOŽENÍ:
- 1 šálek quinoa
- 4 šálky vody
- 4 šálky mléka
- 1 tyčinka skořice
- 1 lžička z vanilkového extraktu
- 1/2 hrnku cukru (upravte podle chuti)
- 1/4 lžičky mletého hřebíčku
- 1/4 lžičky mletého muškátového oříšku
- Rozinky a/nebo sekané ořechy na ozdobu (volitelné)

INSTRUKCE:

a) Quinou důkladně opláchněte pod studenou vodou, abyste odstranili případnou hořkost.

b) Ve velkém hrnci smíchejte quinou a vodu. Přiveďte k varu na středně vysoké teplotě, poté snižte teplotu na minimum a nechte vařit asi 15 minut, nebo dokud quinoa nezměkne. Vypusťte přebytečnou vodu.

c) Uvařenou quinou vraťte do hrnce a přidejte mléko, skořici, vanilkový extrakt, cukr, mletý hřebíček a mletý muškátový oříšek.

d) Směs dobře promícháme a na středním plameni přivedeme k mírnému varu.

e) Vařte asi 20-25 minut za občasného míchání, dokud směs nezhoustne do konzistence podobné pudinku.

f) Odstraňte hrnec z ohně a vyhoďte tyčinku skořice.

g) Před podáváním nechte pudink Mazamorra de Quinua/Quinoa několik minut vychladnout.

h) Puding Mazamorra de Quinua/Quinoa podávejte teplý nebo vychlazený v miskách nebo dezertních šálcích.

i) Každou porci podle potřeby ozdobte rozinkami a/nebo nasekanými ořechy.

85. Frejol Colado/Fazolový pudink

SLOŽENÍ:
- 2 šálky vařených peruánských kanárských fazolí nebo pinto fazolí
- 1 cibule, nakrájená
- 2 stroužky česneku, nasekané
- 2 polévkové lžíce. rostlinného oleje
- 1 lžička mletého kmínu
- 1 lžička ze sušeného oregana
- 1 šálek kuřecího nebo zeleninového vývaru
- Sůl a pepř na dochucení
- Volitelné polevy: nasekaný koriandr, rozdrobené queso fresco, nakrájená červená cibule nebo smažené vepřové kůže (chicharrones)

INSTRUKCE:
a) Ve velkém hrnci zahřejte na středním plameni rostlinný olej.
b) Přidejte nakrájenou cibuli a nasekaný česnek a restujte, dokud cibule nezprůsvitní a česnek nezavoní.
c) Do hrnce přidejte mletý kmín a sušené oregano a minutu vařte, aby se opražilo koření.
d) Přidejte uvařené fazole do hrnce a promíchejte, aby se spojily se směsí cibule a koření.
e) Zalijeme kuřecím nebo zeleninovým vývarem a dochutíme solí a pepřem podle chuti.
f) Směs přiveďte k varu a nechte asi 10 minut vařit, aby se chutě propojily.
g) Pomocí ponorného mixéru nebo běžného mixéru rozmixujte fazolovou směs na kaši, dokud nebude hladká a krémová. Pokud používáte běžný mixér, mixujte směs po dávkách a dávejte pozor na horkou tekutinu.
h) Pokud je konzistence příliš hustá, můžete přidat další vývar nebo vodu, abyste dosáhli požadované hustoty.
i) Vraťte hrnec na sporák na mírný oheň a pokračujte ve vaření Frejol Colado/Fazolový pudink dalších 5 minut za občasného míchání.
j) Ochutnejte a podle potřeby dochuťte.
k) Odstraňte z ohně a podávejte frejol Colado/Fazolový pudink horký.
l) Každou porci ozdobte nakrájeným koriandrem, rozdrobeným queso frescem, nakrájenou červenou cibulí nebo smaženou vepřovou kůrou, pokud chcete.

86. Karamelové sendviče (Alfajores)

SLOŽENÍ:
- 1 šálek kukuřičného škrobu
- 1 ¼ šálku mouky
- ¾ hrnku moučkového cukru ½ lžičky. prášek do pečiva 1/8 lžičky. mořská sůl
- 2 tyčinky másla, nakrájené na kostičky
- 1 13 oz. může slazené kondenzované mléko nebo kupované dulce de leche

INSTRUKCE:
PRO DULCE DE LECHE
a) Odstraňte štítek z plechovky slazeného kondenzovaného mléka a vložte do hlubokého hrnce. Položte plechovku na její stranu a zakryjte ji vodou o dva palce.
b) Zakryté přiveďte k varu a dále vařte dvě až tři hodiny. Delší doba vám poskytne tmavší karamel. Nezapomeňte každou chvíli zkontrolovat, zda je plechovka stále pokrytá vodou, podle potřeby ji přidejte.
c) Vyjměte z hrnce a nechte vychladnout. To lze provést předem. V lednici vydrží neomezeně dlouho. Před použitím nechejte na pokojovou teplotu, aby se rozležely mezi sušenkami.

PRO COOKIES
d) Předehřejte troubu na 350 stupňů.
e) Všechny suché ingredience dejte dohromady do kuchyňského robotu a párkrát promíchejte, aby se dobře spojily. Přidáme nakrájené máslo a dusíme, dokud se nezačne spojovat do koule. Nepřemixujte – mělo by vypadat střapatě – a zbytek těsta stlačíte na lince.
f) Vyrovnejte na kotouč, zabalte do igelitu a dejte na 30 minut do lednice, aby trochu ztuhl.
g) Těsto vyválejte asi ¼" tlusté a vykrájejte malým kulatým vykrajovátkem na cukroví. Fréza, kterou jsem použil, byla asi 2" široká, ale se sklenicí se dobře pracuje. Kolečka položte na plech vyložený pečicím papírem a pečte 10 12 minut, dokud není spodek lehce hnědý a vrch stále bílý. Zcela vychladnout.
h) Sestavte sendviče se sušenkami tak, že na jednu polovinu sušenky rozprostřete 1 2 lžiček dulce de leche a překryjete druhou.
i) Poprášíme moučkovým cukrem a sníme!

87. Dort Tres Leches (Pastel de Tres Leches)

SLOŽENÍ:
NA DORT:
- 1 hrnek univerzální mouky
- 1 1/2 lžičky prášku do pečiva
- 1/4 lžičky soli
- 4 velká vejce
- 1 šálek krystalového cukru
- 1/3 šálku plnotučného mléka
- 1 lžička vanilkového extraktu

PRO SMĚS TŘÍ MLÉK:
- 1 plechovka (14 uncí) slazeného kondenzovaného mléka
- 1 plechovka (12 uncí) odpařeného mléka
- 1 šálek plnotučného mléka

K NÁPLNĚ:
- 2 šálky husté smetany
- 2 lžíce moučkového cukru
- Mletá skořice na ozdobu

INSTRUKCE:

a) Předehřejte troubu na 350 °F (175 °C) a vymažte zapékací misku o rozměrech 9 x 13 palců.
b) V míse prosejeme mouku, prášek do pečiva a sůl.
c) V samostatné misce vyšlehejte vejce a cukr, dokud nebudou světlé a nadýchané. Přidejte mléko a vanilkový extrakt a dobře promíchejte.
d) Do vaječné směsi postupně přidáváme suché ingredience a mícháme do hladka.
e) Těsto nalijte do připravené zapékací misky a pečte asi 30 minut, nebo dokud párátko zapíchnuté do středu nevyjde čisté.
f) Ještě teplý koláč celý propícháme vidličkou.
g) V samostatné misce smíchejte dohromady tři mléka (slazené kondenzované mléko, odpařené mléko a plnotučné mléko).
h) Směs tří mlék rovnoměrně nalijte na teplý koláč. Necháme nasáknout a vychladnout na pokojovou teplotu.
i) V jiné míse ušlehejte hustou smetanu s moučkovým cukrem, dokud se nevytvoří tuhé špičky.
j) Vršek dortu rozetřeme šlehačkou.
k) Před podáváním nechte Tres Leches Cake několik hodin vychladit v lednici.
l) Těsně před podáváním posypeme mletou skořicí.

88. Suspiro a la Limeña (peruánský dezert z karamelu a pusinky)

SLOŽENÍ:
NA KARAMEL:
- 1 šálek krystalového cukru
- 1/4 šálku vody

PRO PUSINKY:
- 4 bílky
- 1 šálek krystalového cukru
- 1 lžička vanilkového extraktu

PRO pudink:
- 1 plechovka (14 uncí) slazeného kondenzovaného mléka
- 4 žloutky
- 1 lžička vanilkového extraktu

INSTRUKCE:
a) V hrnci smíchejte cukr a vodu na karamel. Vařte na středním plameni za občasného míchání, dokud nezíská zlatavou karamelovou barvu. Nalijte karamel na dno servírovacích misek nebo velké skleněné mísy.
b) V míse ušlehejte bílky, dokud se nevytvoří tuhé špičky. Postupně přidávejte cukr a vanilkový extrakt a pokračujte v šlehání do lesku.
c) V samostatné misce smíchejte slazené kondenzované mléko, vaječné žloutky a vanilkový extrakt, dokud se dobře nespojí.
d) Do pudinkové směsi opatrně vmícháme bílkovou směs.
e) Pudinkovou směs přelijte na karamel v servírovacích miskách.
f) Před podáváním nechte několik hodin vychladit v lednici. Karamel vystoupí nahoru a vytvoří nádherný dvouvrstvý dezert.

89.Mazamorra Morada /Purpurový kukuřičný pudink

SLOŽENÍ:
- 2 šálky fialové kukuřičné šťávy (koncentrát mazamorra morada)
- 1 šálek sušených fialových kukuřičných zrn
- 1 tyčinka skořice
- 4 hřebíčky
- 1 hrnek cukru
- 1/2 šálku bramborového škrobu
- Kousky ananasu a sušené švestky na ozdobu

INSTRUKCE:
a) Ve velkém hrnci smíchejte fialovou kukuřičnou šťávu, sušená zrna fialové kukuřice, tyčinku skořice a hřebíček. Přiveďte k varu a poté vařte asi 20 minut.
b) V samostatné misce smíchejte bramborový škrob s trochou vody, abyste vytvořili kašičku.
c) Za stálého míchání přidejte do hrnce kašičku z cukru a bramborového škrobu. Pokračujte ve vaření, dokud směs nezhoustne.
d) Odstraňte z ohně a nechte vychladnout.
e) Před podáváním ozdobte kousky ananasu a sušenými švestkami.

90.Picarones (peruánské dýňové koblihy se sirupem)

SLOŽENÍ:
PRO PICARONY:
- 2 hrnky univerzální mouky
- 1 šálek rozmačkané dýně (vařené a rozmačkané)
- 1/4 šálku pyré ze sladkých brambor
- 1 lžička aktivního suchého droždí
- 1 lžička anýzových semínek
- 1/4 lžičky soli
- Rostlinný olej na smažení

NA SIRUP:
- 1 šálek tmavě hnědého cukru
- 1/2 šálku vody
- 2 tyčinky skořice
- 2 hřebíčky

INSTRUKCE:
a) V míse smíchejte mouku, dýňovou kaši, batátové pyré, aktivní suché droždí, anýzová semínka a sůl. Míchejte, dokud nevznikne lepivé těsto.
b) Mísu zakryjte a nechte těsto kynout asi 1 hodinu, dokud nezdvojnásobí svůj objem.
c) Ve velkém hrnci rozehřejte rostlinný olej na smažení.
d) Navlhčete si ruce a z malých částí těsta tvarujte kroužky nebo tvary osmiček.
e) Pikaronky opatrně vhodíme do rozpáleného oleje a smažíme z obou stran dozlatova.
f) V samostatné pánvi smíchejte tmavě hnědý cukr, vodu, tyčinky skořice a hřebíček. Vařte na mírném ohni, aby vznikl sirup.
g) Osmažené pikarony namáčíme do sirupu a podáváme teplé.

91. Alfajores de Maicena (peruánský kukuřičný škrob Alfajores)

SLOŽENÍ:

Pro cookies:
- 2 šálky kukuřičného škrobu
- 1 1/4 šálku univerzální mouky
- 1/2 šálku nesoleného másla, změkčeného
- 1/2 šálku moučkového cukru
- 3 žloutky
- 1 lžička prášku do pečiva
- 1/2 lžičky vanilkového extraktu
- Kůra z 1 citronu

Pro náplň:
- 1 šálek dulce de leche (karamelizované mléko)
- Moučkový cukr na posypání

INSTRUKCE:
a) Předehřejte troubu na 350 °F (175 °C).
b) V míse ušlehejte změklé máslo a moučkový cukr do nadýchané hmoty.
c) Přidejte vaječné žloutky, jeden po druhém, a po každém přidání dobře promíchejte.
d) Vmícháme vanilkový extrakt a citronovou kůru.
e) Prosejte kukuřičný škrob, univerzální mouku a prášek do pečiva. Míchejte, dokud nebudete mít měkké těsto.
f) Těsto rozválejte na pomoučené ploše na tloušťku asi 1/4 palce.
g) Pomocí vykrajovátka na cukroví vykrájejte malá kolečka.
h) Kolečka položte na plech vyložený pečicím papírem a pečte asi 10–12 minut, nebo dokud nebudou lehce zlatavé.
i) Sušenky necháme úplně vychladnout.
j) Na dno jedné sušenky rozetřete vrstvu dulce de leche a na ni druhou, abyste vytvořili sendvič.
k) Před podáváním poprašte alfajores moučkovým cukrem.

92.Helado de Lucuma (Lucuma zmrzlina)

SLOŽENÍ:
- 2 šálky lucuma dužiny (mražené nebo konzervované)
- 2 šálky husté smetany
- 1 šálek slazeného kondenzovaného mléka
- 1 lžička vanilkového extraktu

INSTRUKCE:
a) V mixéru smíchejte dužinu lucuma, hustou smetanu, slazené kondenzované mléko a vanilkový extrakt.
b) Míchejte, dokud není směs hladká a dobře spojená.
c) Směs nalijte do zmrzlinovače a šlehejte podle návodu výrobce.
d) Zmrzlinu přendejte do vzduchotěsné nádoby a zmrazte, dokud neztuhne.
e) Podávejte lucuma zmrzlinu v kopečkách a vychutnejte si tuto sladkou a krémovou peruánskou pochoutku.

NÁPOJE

93. Chicha de Jora / fermentované kukuřičné pivo

SLOŽENÍ:
- 2 libry jora kukuřice (fialová kukuřice)
- 1 libra nakrájeného ananasu
- 1 tyčinka skořice
- 4 hřebíčky
- 1 polévková lžíce. sušených listů huacatay (volitelné)
- 2 litry vody
- 1 hrnek cukru (podle chuti)
- Šťáva ze 2 limetek

INSTRUKCE:
a) Opláchněte kukuřici jora pod studenou vodou, abyste odstranili všechny nečistoty nebo zbytky.
b) Umístěte kukuřici jora do velkého hrnce a přidejte tolik vody, aby byla pokryta. Necháme přes noc nebo alespoň 8 hodin louhovat, aby změkla.
c) Namočenou kukuřici jora sceďte a namáčecí vodu vylijte.
d) Do velkého hrnce přidejte namočenou kukuřici jora, nakrájený ananas, tyčinku skořice, hřebíček a sušené listy huacatay (pokud používáte).
e) Do hrnce nalijte 2 litry vody a ujistěte se, že všechny ingredience jsou ponořené.
f) Na středním plameni přiveďte směs k varu.
g) Snižte plamen na minimum a za občasného míchání nechte asi 2 hodiny probublávat. Během této doby kukuřice uvolní své přirozené cukry a příchutě.
h) Po 2 hodinách odstavte hrnec z plotny a nechte vychladnout na pokojovou teplotu.
i) Tekutinu přeceďte přes jemné síto nebo plátýnko, pevné látky (kukuřici, ananas, koření) vyhoďte.
j) Scezenou tekutinu vraťte do hrnce a podle chuti přidejte cukr. Míchejte, dokud se cukr nerozpustí.
k) Do hrnce vymačkejte šťávu ze 2 limetek a promíchejte, aby se spojily.
l) Přeneste Chicha de Jora/fermentované kukuřičné pivo do džbánu nebo jednotlivých servírovacích sklenic.
m) Chicha de Jora/fermentované kukuřičné pivo dejte do lednice, dokud nevychladne, nebo jej podávejte na ledu.
n) Před podáváním Chicha de Jora/fermentované kukuřičné pivo promíchejte, protože se může časem usadit a oddělit.
o) Případně můžete každou sklenici ozdobit posypem mleté skořice nebo plátkem ananasu.

94. Chicha Morada/Purple Kukuřičný nápoj

SLOŽENÍ:
- 2 velké fialové kukuřičné klasy
- 8 šálků vody
- 1 ananas, oloupaný a nakrájený na kousky
- 2 jablka, oloupaná, zbavená jádřinců a nakrájená na kostičky
- 1 tyčinka skořice
- 4 hřebíčky
- 1 hrnek cukru (upravte podle chuti)
- Šťáva ze 2 limetek
- Kostky ledu (k podávání)
- lístky čerstvé máty (na ozdobu)

INSTRUKCE:
a) Ve velkém hrnci smíchejte fialové kukuřičné klasy a vodu. Přiveďte k varu na středním plameni.
b) Snižte teplotu na minimum a vařte asi 30 minut, aby se z kukuřice extrahovaly chutě a barva.
c) Vyjměte fialové kukuřičné klasy z hrnce a vyhoďte je. Fialovou tekutinu dejte stranou.
d) Do samostatného hrnce přidejte kousky ananasu, nakrájená jablka, tyčinku skořice a hřebíček.
e) Odloženou fialovou tekutinu nalijte do hrnce s ovocem a kořením.
f) Směs přiveďte k varu, poté snižte teplotu a vařte asi 20 minut, aby ovoce a koření pronikly svou chutí do tekutiny.
g) Odstraňte hrnec z ohně a sceďte tekutinu, abyste odstranili pevné částice. Ovoce a koření vyhoďte.
h) Vmíchejte cukr a limetkovou šťávu a upravte sladkost a kyselost podle své chuti.
i) Chicha Morada/Purple Corn Drink nechte vychladnout na pokojovou teplotu a poté dejte do lednice alespoň na 2 hodiny vychladnout.
j) Chicha Morada/Purple Corn Drink podávejte na kostkách ledu ve sklenicích a ozdobte lístky čerstvé máty.

95.Inca Kola (peruánská žlutá soda)

SLOŽENÍ:
- 4 šálky vody
- 2 šálky krystalového cukru
- 1 lžíce extraktu z citronové verbeny
- 1 lžíce citronového extraktu
- 1 lžíce pomerančového extraktu
- 1 lžíce mandarinkového extraktu
- 1 lžíce skořicového extraktu
- Žluté potravinářské barvivo (volitelné)

INSTRUKCE:
a) V hrnci smíchejte vodu a cukr. Zahřívejte na středním plameni a míchejte, dokud se cukr úplně nerozpustí.
b) Odstraňte z ohně a nechte sirup vychladnout na pokojovou teplotu.
c) Do sirupu přidejte extrakt z citronové verbeny, citronový extrakt, pomerančový extrakt, mandarinkový extrakt a skořicový extrakt. V případě potřeby přidejte žluté potravinářské barvivo, abyste dosáhli charakteristickou jasně žlutou barvu.
d) Dobře promíchejte a přelijte sirup Inca Kola do láhve nebo nádoby.
e) Pro podávání smíchejte sirup s vodou sycenou oxidem uhličitým v poměru 3:1 (voda sycená oxidem uhličitým k sirupu), případně si poměr upravte podle své chuti.
f) Přidejte led a vychutnejte si sladkou a ovocnou chuť Inca Kola.

96. Maracuyá Sour (maracuja kyselá)

SLOŽENÍ:

- 2 oz Pisco (peruánská hroznová brandy)
- 1 oz pyré z mučenky
- 1 oz čerstvé limetkové šťávy
- 3/4 oz jednoduchého sirupu
- Led
- Čerstvá semínka mučenky na ozdobu (volitelně)

INSTRUKCE:

a) V šejkru smíchejte Pisco, pyré z mučenky, čerstvou limetkovou šťávu a jednoduchý sirup.
b) Přidejte led do šejkru a intenzivně protřepávejte asi 15 sekund.
c) Směs přeceďte do vychlazené staromódní sklenice nebo koktejlové sklenice.
d) V případě potřeby ozdobte čerstvými semínky mučenky.
e) Podávejte Maracuyá Sour a vychutnejte si tropické chutě.

97. Čaj z koky (Mate de Coca)

SLOŽENÍ:
- 1-2 sáčky kokového čaje nebo 1-2 čajové lžičky sušených listů koky
- 1 šálek horké vody
- Med nebo cukr (volitelné)

INSTRUKCE:
a) Vložte sáček kokového čaje nebo sušené listy koky do šálku.
b) Sáček nebo listy kokového čaje zalijte horkou vodou.
c) Nechte louhovat 5-10 minut, nebo dokud nedosáhne požadované síly.
d) V případě potřeby oslaďte medem nebo cukrem.
e) Užijte si kokový čaj, tradiční peruánský bylinný čaj známý pro svou jemnou zemitou chuť.

98. Jugos Naturales (čerstvé ovocné šťávy)

SLOŽENÍ:
- Různé čerstvé ovoce (např. papája, mango, ananas, pomeranč, guanabana)
- Voda nebo mléko (pro krémové verze)
- Cukr (volitelné)

INSTRUKCE:
a) Vyberte si požadovanou kombinaci čerstvého ovoce a nakrájejte je na kousky.
b) Vložte kousky ovoce do mixéru.
c) Přidejte vodu nebo mléko, abyste dosáhli preferované konzistence (voda pro řidší šťávu, mléko pro krémovější).
d) Rozmixujte do hladka.
e) Ochutnejte a v případě potřeby přidejte cukr pro sladkost.
f) V případě potřeby šťávu přeceďte, abyste odstranili dužinu.
g) Podávejte čerstvou ovocnou šťávu na ledu a vychutnejte si přirozené, živé chutě.

99. Pisco Punch

SLOŽENÍ:
- 2 oz Pisco (peruánská hroznová brandy)
- 1 oz ananasový džus
- 1/2 oz čerstvé limetkové šťávy
- 1/2 oz jednoduchého sirupu
- Led
- Čerstvý plátek ananasu nebo třešně na ozdobu

INSTRUKCE:
a) V šejkru smíchejte Pisco, ananasový džus, čerstvou limetkovou šťávu a jednoduchý sirup.
b) Přidejte led do šejkru a intenzivně protřepávejte asi 15 sekund.
c) Směs přeceďte do vychlazené staromódní sklenice nebo koktejlové sklenice.
d) Ozdobte plátkem čerstvého ananasu nebo třešní.
e) Podávejte Pisco Punch a vychutnejte si tropické chutě.

100. Coctel de Camu Camu (ovocný koktejl Camu Camu)

SLOŽENÍ:
- 2 šálky čerstvého ovoce camu camu (nebo šťávy camu camu, pokud je k dispozici)
- 1/2 šálku pisco (peruánské hroznové brandy)
- 2 lžíce medu
- 1 šálek ledu
- Čerstvé bobule camu camu na ozdobu (volitelné)

INSTRUKCE:
a) V mixéru smíchejte čerstvé ovoce camu camu, pisco, med a led.
b) Rozmixujte do hladka.
c) Ochutnejte a podle potřeby upravte sladkost přidáním více medu.
d) Nalijte Coctel de Camu Camu do sklenic.
e) Ozdobte čerstvými bobulemi camu camu, pokud jsou k dispozici.
f) Podávejte koktejl camu camu a vychutnejte si jedinečnou a pikantní chuť tohoto amazonského ovoce.

ZÁVĚR

Protože se naše odysea peruánského pouličního jídla chýlí ke konci, doufáme, že jste si toto lahodné dobrodružství v ulicích Peru užili. S každým soustem jste se dostali hlouběji do srdce kulinářské kultury, která je tak rozmanitá, jako je chutná.

Doporučujeme vám pokračovat v objevování světa peruánského pouličního jídla, a to jak ve vlastní kuchyni, tak pokud možno v živých ulicích Peru. Vyzkoušejte si recepty, sdílejte je s přáteli a rodinou a vychutnejte si vzpomínky na svou cestu.

Pamatujte, že svět pouličního jídla není jen o jídle; jde o spojení s komunitami, o přijetí různých tradic a sdílení radosti z lahodných jídel. Doufáme, že vás tato kniha inspirovala k tomu, abyste hledali autentické chutě peruánského pouličního jídla a možná se vydali na svou vlastní kulinářskou odyseu. Děkujeme, že jste se k nám připojili na tomto chutném dobrodružství, a ať jsou vaše budoucí jídla vždy naplněna duchem peruánské pouliční kultury. Buď prověcho!

www.ingramcontent.com/pod-product-compliance
Lightning Source LLC
LaVergne TN
LVHW021700060526
838200LV00050B/2439